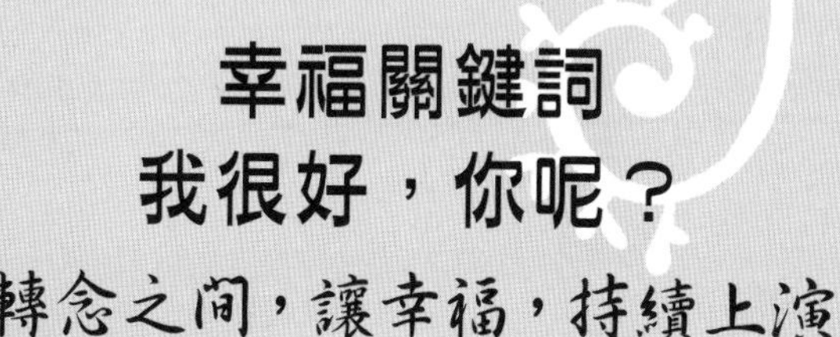

幸福關鍵詞
我很好，你呢？
轉念之間，讓幸福，持續上演

前言

延續著《幸福的52個智慧》（華滋出版），今年再度出版了《幸福關鍵詞：我很好，你呢？》。

雖然由作者自己說會感覺有些不好意思，但本書的內容可是寶山啊！

從小學生或者是到百歲的老先生、老太太，亦或是上班族、家庭主婦、公司老闆，都希望這些人能夠讀一讀這本書。

勵志類型的書籍，大多源自於歐美的思想。然而，本書以世界規模，簡潔地敘述了超越宗派、民族，現代人需要知道的想法。

如果學校能夠以這本書作為「公民與道德」的副教材，霸凌、暴力、

犯罪、自殺等事件，其數量將會銳減。學生的性格會變溫和，學習能力也會提升。

此外，這本書對於企業的員工訓練，亦能發揮超群的效果。員工的憂鬱症將會治癒，公司當中也會充滿幹勁。每一個人不論是在何時，皆能面帶微笑地說出：「我很好！」

幸福科學總裁
大川隆法

Contents

目　錄

目錄

贈言2　打從心底說出「我愛你」

Part 2　你的愛是真的嗎？

回歸真正的自已，清爽生活的7步驟

第一步

更簡單、更清爽

1．去除心中的蜘蛛網

如果各位的頭腦，因各種想法而變得過於複雜時，請試著將腦中的千頭萬緒暫時切斷。

雜亂紛繁的事情，對待它們，要像掃除蜘蛛網一樣，用掃帚「刷」地一下清除乾淨。

而且，希望大家能夠瞭解：「單純開朗的生活是出發點。」

為了活出光明的人生，必須每天試著在心中不要有惦掛。

希望各位想像一下，

在春天的陽光裡，

有一條不算很深、僅二、三十公分寬的小溪。
陽光照耀在那緩緩的水流上，
清澈的水底，金光熠熠，
小溪映襯著緩緩的水紋，
彷彿帶著歡笑，一路前進的樣子。

就像那小溪的流水清澈見底一樣，各位的人生態度也必須是透明清爽的。
所謂透明清爽，就是不要將事物考慮得過於複雜，單純、樸實的人生態度。

不要猜忌他人，不要疑慮重重，不要活在深深的自卑感，或者感傷悲古的情緒當中，應該要開朗、樸實、單純。即使你遭遇了背叛、遇見了騙子，也要泰然自若地說：「那點小事，何足掛齒。」

就像小孩子睡了一覺之後，什麼也忘了一樣，你也可以過如此沒有罣礙的清爽生活。

把積在心中的重擔、磚頭拆除吧！

讓心中的空氣保持流通吧！

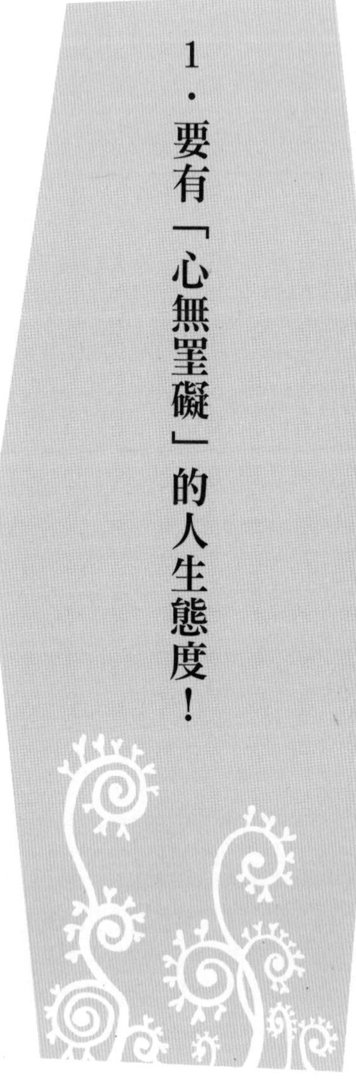

1．要有「心無罣礙」的人生態度！

第二步

即使失敗了也不要厭惡自己

2．缺點或弱點會變成「幸福的種子」

能夠意識到自己有什麼缺點或者弱點的人，或許在某種意義上可說是幸福的。

有句話說：「一病息災。」有時候身體某個部位不好的人，往往比較注意身體保健，壽命反而很長；然而那些通宵熬夜也滿不在乎的人，反而比較危險。

隨著年齡增長，到了三十、四十、甚至五十歲時，還能意識到自己的缺點或者弱點的人，比較少會勉強自己，如此便還有成長的空間。

各位或多或少都會有一些煩惱的種子，但也可以把這些視作為激勵自己、培養自己的種子。

譬如，有人即使到了六十歲或者七十歲，仍然還有自卑感，認為「自己學得不夠！」、「自己能力很低！」、「自己考慮得不夠周到⋯⋯」等等，像這樣的人其實應該說是很優秀的。

如果認為自己目前某些地方還有所不足，即代表這些地方還有成長的空間。

隨著認識和經歷了各式各樣的事情，就越能留心到：「如何在矛盾的部分裡面，發現下一次成功或發展的種子。」

年輕人有充沛的體力，感性非常優越，但是知識和經驗不足是其弱點。然而，上了年紀之後，身體會變得越來越弱，感性也漸漸遲鈍起來。開始不拘小節，有時候會變得麻木，年輕人特有的體力和感性特徵逐漸消退，取而代之的是知識和經驗的增加。

也就是說，上了年紀之後，人的特質將有所改變。一般來說，目前最能用得上的能力之反面，將來就會成為勉勵自己、培養自己的要素。

成功的關鍵通常都是善於運用自己的長處、優點，然而要想取得進一步

成功的秘訣，多數卻存在於與優點相反的地方。

各位必須要瞭解到，在優點的相反之處，隱藏著開闢自己未來的種子。

3．贏得最終勝利的人生態度

總是和他人相比，最終你是無法勝利的。在這相對的比較當中，如果總是和他人攀比，最後是不可能成為勝利者的。

而是應該和自己相比，「自己在出生的時候，頭腦僅是如此這般的程度，但是經過了努力，卻已達到現在水準。」各位應該著眼於自己的進步率。

在這種與自己本身的比較當中，任誰都有可能得勝。任誰都可以說：「和自己剛出生的頭腦或者小學、國中、高中時代的頭腦相比，已進步了很多。」在與自己的戰鬥中，絕對是能夠取勝的。

如果只是與他人戰鬥的話，想要取得最終的勝利，可以說相當不易。即使看起來取得最終勝利的人，之後又是怎麼樣呢？從結局來看，此人往往並沒有取得人生的最終勝利。

希望各位能夠清楚認識到：「在與他人的競爭中，並沒有所謂的最終勝利者。」真正的戰鬥，歸根究柢還是在於和自己的競爭。

2．「煩惱的種子」，亦是「培養自己的種子」。

3．生命最終的戰鬥，是與自己的戰鬥。

4．是否有著「不動心」？

佛教自古強調：「不動心是非常重要的。」為什麼這樣說呢？因為人生的大部分痛苦或者迷惘，乃起因於內心的搖擺不定。

「如何才能培養一顆不動搖的心呢？」這曾是佛教修行者的一大難題。

有「不動心」的人，心境非常平靜，也很堅強，值得信賴。擁有「不管遇到何種困難都能戰勝」的心態，或堅定不移之信念的人，才會具有領導者的器量。領導者之所以能成為領導者，其原因就在於他們具有一種遇到風波也不動搖、遇到困難敢於逆流而上的魄力。究其根源，就在於不動心。

雖然人們總說對自己有信心，但是因為犯錯被人指責，或者因為某種挫

折，自信心就會土崩瓦解的人，其實占了大多數。對於這些人來說，重要的是能夠掌握真正的不動心。

為了領悟真正的不動心，「佛子的自覺」是必不可少的。缺少這種自覺，即使說有了不動心，也是很淺薄的。

心之所以不動搖，那是因為自覺到：「心的根源部分是與佛是相連的。」如果沒有察覺到這一點，人生就會像漂浮在波浪間的樹葉一樣，搖擺不定。

如果沒有這種自覺，遇到風波的時候，進而認為：「自己已受命運的擺弄！就像漂浮在命運大河中的一片樹葉」的話，那就很不好了。這種邏輯，很容易演變為「他人或者環境在傷害自己」、「悲劇性的未來在等待自己」等等悲觀的想法。

要選擇這種自我暗示的不幸人生？還是選擇積極進取的人生？這完全取決於個人的「一念」之間。

5．不屈撓的雪人型人生觀

每天都會有大大小小的事情，發生在我們生活四周，有些事是幸運的種子，或是似乎會成為幸運的種子，有些事也會變成煩惱的種子，或是擔心的種子，其實這就是現實的世界。那些能夠從中取得教訓、尋得成功種子的人，不管發生什麼事情，每次都能像滾雪人一樣，每滾一次體積就會變大一點。

在滾雪人的時候，即使偶有石頭、土塊摻雜其中，雪人還是會越滾越大，況且，在不斷地翻滾的過程中，還是可以滾上潔白的新雪，雪人依然會越變愈大。這種雪人型的人生觀，能讓我們的能力增加二倍、三倍，請不要

太執著於那些小石頭、或是泥塊，只要牢牢地記住，每翻滾一次都能讓自己的能力倍增。

將一生中所遭遇到的任何事物，全部當成自己的人生之師，這態度是很重要的。當碰到了那些自己也無法認同的人，就要仔細地研究他是哪一點做不好？

人生中所碰到的任何人，都可能成為自己的老師、效法的對象，時時抱持著這種觀念的人，與人相處之際就會擁有非常多的優勢。

6.「現在的你」就不錯

如果想要和他人互換人生，最後必然會產生痛苦。

當有這種想法時，應該轉向思考：「適才適所，自己應該要做符合自己能力的工作。藉由努力從事符合自己能力的工作，自己的人生才能幸福，對他人來說也能幸福。」

木匠的工具有很多種，例如鋸子、鑿子和刨刀等等，每一種工具都有它各自的用途。

請各位可以試著去省思，今生今世到底是為了什麼而轉生到這個世上。如此便能明白：「自己或許是具有某種使命的人吧！」重要的是，在那最符合天命的工作中，盡情地發光發熱。因此，不能拿別人的人生來替換自己的人生。

每個人皆有一個「靈魂兄弟姊妹」的小組，其中每個人都會依序輪流轉生到世間，累積人生經驗。之後返回靈魂世界後，就會與其他的靈魂兄弟姊妹共同分享在世間經驗。

這就像是五根手指頭和手掌一樣。拇指、食指、中指……雖然各不相同，但整體卻是一隻手。手掌是靈魂兄弟姊妹的本體，短而粗的拇指、稍微

長一點的中指、可愛的小指等等，這些都是靈魂兄弟姊妹。

就像在抓東西時，是一整隻手去抓，靈魂兄弟也是以整體在積累著經驗。一邊進行靈魂的轉生輪迴，一邊累積著各種各樣的人生經驗。

人的性別、年齡、頭腦好壞、身體大小……等等，與他人的不同之處有很多。性格也分外向和內向，工作也有適合和不適合……等等，不一而足。然而，正是因為有了這些，才能區分個性。

如果你能肯定他人的存在，那也一定要肯定自己本身的存在。佛一定會寬容地說：「現在的你就不錯！你不用過他人的人生，擁有這個名字的你就很好。」因為你已經得到了在今生進行靈魂修行的許可，所以你只要掌握好你自己的人生態度就好了。

在現在所擁有的一切中，盡可能地活出最好的人生態度。

7．即使不完美也要接納自己

「人是佛子、神子」的想法當然很重要，但是另一方面，也要在某種程度上承認人類是不完美的生物。既然活於世間，那就難免會因為持有肉體而有著不完美。

在世間當中，在靈性上不可能維持完美。因為在這世間當中，必須要克服眾多的抵抗，只能活於不完美當中。因此，會遇到失敗和挫折，但也正因如此，才需要反省和學習。

並且，其他人也同樣經歷著失敗和挫折，之後又重新振作，為獲得更加美好的人生而奮鬥。

重要的是並不是度過完美無瑕的人生，而是力求人生變得更加美好，各位必須要自己這樣告訴自己。

有人一聽到：「不完美地活著也行，不圓滿也可以。」馬上就會幼稚地

認為：「原來工作可以不求完美！」

於是，此人從第二天開始，就在職場當中實踐，其結果可想而知，肯定要受到上司斥責。為了避免這樣的事情發生，我要強調，我並不是勸大家在學習和工作上馬馬虎虎。

只不過，如果有人在靈性上對自己過於自責，以至於夜不能寐、痛苦不堪，我想奉勸他們：「不要過於追求完美的自己。」

「百分之八十主義」也可以，總之只要盡力就行。

雖然各位都以佛神為目標，提升自己的靈性，但人還不是佛神。既然活在世間，就不得不每天重複失敗，在痛苦中掙扎。因此，應該以力求更加美好地活著為目標。

各位必須知道：「人是佛子的同時，也是活在這個世上的不完美、不高明的生物。」務必認識到這個並不高明的自己。

4．心的根源部分是與佛相連的。

5．生命的雪球每次滾動都會變得越來越大。

6．在最符合天命的工作中，盡情地發光發熱。

7．不是度過完美無瑕的人生，而是力求人生更加美好。

第三步

如何建立不易崩潰的自信

8．你是否正「喜歡著不幸」？

煩惱的時候，你的心一定被分成了兩片或三片以上，心如亂麻。此時，請試著自問自答：「採取哪種思考方法對自己有利？」如此一來答案自然會湧現。

就拿資格考試來比喻，既然是考試，所以就會出現考得上和考不上的人。然而，有的人雖然考上了，卻因為分數比預期的差而大發雷霆。這聽上去雖然可笑，不過確真有其事。好比說，及格分數是七十分，某人考了七十一分及格了。可是就自己的面子而言，至少要有九十分才行，所以，雖然及格了，卻大發雷霆。

雖說七十一分已經及格，各人想法卻不同。有人認為：「以這麼差的成績及格，真是丟臉。」也有人在想：「沒怎麼用功，卻通過了考試，一定是佛在保佑著我，佛真的是愛著我。」如此這般，思考方法因人而異。

也有人常常將煩惱合理化，這也可以說是人的一種慣性，實際上各位會去合理化各式各樣的煩惱。有人甚至想：「耶穌都吃過苦、受過罪，我這點痛苦自然是理所應當。」因此將自己的痛苦合理化。

此外，有些人不僅僅是將煩惱合理化，更是將它正當化。

因此，重要的是去思考：「哪種想法對自己有利？自己到底想要什麼？」

對於捨棄幸福而選擇不幸的人，誰也無可奈何。因為即使給予忠告，此人對於這個忠告也往壞的方向曲解，令人莫可奈何。

即使佛想要拯救，但唯獨自甘墮落的人，是毫無辦法的。因為這已屬於自由意志的問題，自己選擇不幸的人，是無法施以援手的。

總之，重要的是，自己必須要選擇一條幸福之路去走。

9．你的心中有著改變人生的力量

一切事物皆有起因，與原因相應的結果必會出現。因此，認識到「播下什麼樣的善因？之後，如何加以培養、回收果實」的想法，就特別重要。

我曾講述過一種思考方式，叫做「爆炸性思考」；這種思考方式就是教人在心裡播下含有爆發力的種子。

看看世間人們，許多人的生活過得太小心謹慎，有點令人匪夷所思。到處都是充斥著尋求些微的救濟、依賴些微資助的人。

然而，我想說的是，像舊宗教中的「他力思想」那樣，「只要唱題就能得救」、「只要唸阿彌陀佛的名字就能得救」的時代，或許早已過去了。

我認為，拯救萬人的關鍵，不在於倚靠馬上生效的、單一模式的「憑某種靈驗」，而是必須要讓潛藏於每個人內心深處偉大思想、思考力，萌芽成長才行。

對於尚未充分瞭解心念力量的人，會認為這種說法「只不過是文字措辭」、「僅是誑騙」、「是哄騙」。

進而，人們捨棄那些根本性的思考方法，只追逐眼前的利益和現象。「做這個，肯定能賺錢」、「拜那個，疾病一定會治癒」……等等，人有一種容易被眼前利益所蒙蔽的傾向。

雖然有時候人有著容易被近利迷惑的懦弱性格，但正是這樣的人，才需要讓他堅強起來。

藉由變得堅強，因而可以解決的煩惱，真是不勝枚舉。不，應該是說：「人變堅強之後，沒有一個煩惱是無法解決的。」這麼說一點都不為過。

譬如，一塊糖就可能使哭哭啼啼的孩子笑顏逐開、一句讚美的話語也可能令人勇氣倍增、被路過的陌生人撫摸一下頭頂也許會讓人精神煥發、重上疆場。

佛與人之間關係，也是如此。

人們時常會因挫折而煩惱、因失意而消沉、因自卑而悶悶不樂，然而當聽到佛的話語，並將這些金玉良言銘記在心、重新振作之時，將會變得堅強、開朗、積極向上，如同重生了一般。

我所說的話語，請各位不要單把它看做是文字而已，希望各位能去切身體驗一番；對此，我深切地希望各位能做到。

我多次重複述說的教義，其實就是這樣的思想：「心才是一切的起點。心改變，人生就會改變。」

這是真真切切的事實，幸與不幸都是自己的心所造成的。不，更明確地說，幸或不幸取決於「你在心裡播下什麼樣的種子」。

8．重要的是，自己必須要選擇一條幸福之路去走。

9．幸或不幸都是自己的心所造成的。

10．如何做才能建立自信？

自信並非指過於有信心而驕傲自滿，而是指「認為自己並非毫無價值」，難以言喻的自信。

當沉浸於痛苦和悲傷之中時，人常常會陷於自我否定的情緒，悶悶不樂地想著：「自己是怎樣的壞人、罪人。」然而，我認為要用更加通情達理的眼光來看待自己，這一點很重要。

當回首迄今幾十年的人生時，總會發現許多「那一點做得不好」、「這個地方做得不怎樣」的事情吧！但是，有時候也會覺得「自己並非毫無價值」。

那也就是一種「自己也得佛神眷顧」的心情，亦是一種「自己也曾對他人有點作用」的自信。

所謂的自信，是由小小的自信逐漸積累起來的，每天一點點，透過各種事情來自我確認，發現自己是有益於他人的，這點很重要。如果沒有這種積累，就不會有真正的自信。

浮在水面的水鳥，其羽毛表面有油脂，可以防止水的滲透，自信就相當於水鳥羽毛的油脂部分。換句話說，這層油脂就是為了不管遇到什麼樣的不幸，都不讓其傷到自己心靈深處而存在的。

歸根究柢，重要的是「從根本上相信佛」。

「既然是佛創造了這個世界，那麼那些看起來悲傷的事情，也一定有它的作用和意義。佛絕對不會想要徹底地傷害自己。」

「骨肉的逝去，不是讓我變得更堅強了嗎？」

「朋友的叛離，不是讓我結識了更加優秀的人嗎？」

「雖說和戀人分手了，但終究不是讓我遇到了更適合自己的人嗎？」

應該要如此思考問題。

重要的是，在逝去的時光裡，要一邊珍惜自己，一邊蓄積力量。莫焦急、消沉，而是要不斷磨練自己。

這個時候，最關鍵的就是「對佛的信仰」和「對佛的愛」。

當陷入煩惱的漩渦時，請想想：「自己對佛有愛嗎？」大部份的人都已經成為自愛的俘虜吧！覺得「自己真可憐」，明明已經拚命地想博得他人的同情，但是誰也不同情自己，這一點就是問題所在。

就在這樣的時候，請挺直腰桿，仰望一下天空。

陷入苦惱漩渦之中的人，大多已成為惡靈的俘虜，蹲在地上背對著太陽，盡是盯著自己小小的陰影。若一直這樣，不管過多久，都是見不到陽光的。

要馬上站起來，面向太陽，挺直腰桿，大大地伸開雙手，這就是「對佛陀的愛」。

不要只盯著渺小的自己，回頭向佛，懷著感謝的心情。試著想一想：「自己被賜予過多大的愛呢？即使目前看起來很不幸，但在時間的長河裡，那根本算不了什麼，倒是這些不幸豈不是已成了自己更加向上的食糧嗎？」

不管遇到什麼樣的考驗，人們只要不忘從中學習教訓的話，就一定會變得更加優秀。

11．讚美自己的訣竅

有時，需要隨身準備一本「自我讚美筆記本」。回顧自己的過去，從出生開始，自己有哪些地方曾被人稱讚過？

這樣一來，一定會想起被人誇獎過的地方，進而就不會老是被害妄想，

總是覺得自己老是被人罵。不管什麼樣的人，肯定都有好的一面，有值得稱讚的地方。然而，人們對於曾被讚賞的事，常會馬上忘掉；被人斥責的事情，卻難以忘懷。

因此，回想一下自己的往事，試著寫出自己好的一面。這樣，肯定就會明白：「原來自己在別的方面好像還有長處。」對此，不做是不會明白的，做了就會有出人意料之外的結果。

譬如，有人總認為自己沒有女人緣而悶悶不樂，但仔細想想，卻發現在男性當中，自己的評價還不錯。從男性角度來說，有女人緣的男性是令人生厭的，常常是說壞話的對象。與此相比，對於沒有女人緣的人，卻可以安心感。從能夠讓其他男性安心的角度來看，有時也算是一種優點。

因此，即便沒辦法和女性建立良好的人際關係，但卻可以和男性交好，亦可以和男性一起工作、一同娛樂。於是，如果在這方面持續磨練自己，在不知不覺中，女性就會發現在男性當中的你的優點，進而就會認為：「在同性之間受到好評的男性，一定很出色吧！」因而漸漸地得到他人注目。

首先，試著讓自己的心往更理想的境界提升吧！

之後，觀察自己在哪些地方做得不對，又有哪些地方是做得很好、得人評價的。如果找到了這得人好評的部分，就可以以此為基準，去對照做得不對的地方，如此一來，就能夠明白往後應該要怎麼做。

然而，對於沒有基準可以對照的人來說，就會完全不明白「自己該怎麼做才好」。

這樣的人雖然進行反省很重要，但是首先必須要先提升足以讓自己增加自信的部分。

12．工作上提不起精神的原因

「第二天能否在職場上奮戰？」、「能否維持好的工作品質？」這與體力有很大的關係。

當然，工作能力和體力兩方面都需要，但是要將工作做好，沒有體力是不行的。

此外，如果沒有體力，對於事物的判斷就會變得悲觀起來。在人際關係方面，也會變得悲觀，總是朝壞的地方思考，在工作方面也會把前景看得很暗淡。

如果有體力的話，便會對未來充滿希望，對人際關係也會覺得能夠改善，對於工作方面也會認為前景一定順利。

在工作上感覺痛苦的人，或許是因為體力出現了問題。如果是這樣，就必須從這一方面進行改善。

10．認定自己並非毫無價值。

11．準備一本自我讚美的記錄本。

12．沒有體力的話，對事物的判斷會變得悲觀。

第四步

做一個不屈不撓的人

13．煩惱當中隱藏著人生的意義

人類為了做永遠的靈魂修行，會不斷重複地於世間轉生，當能夠從這個角度來看待磨練時，這個磨練的意義就不同了。當能夠以轉生輪迴或永恆的生命為基礎去思考時，眼前的事必會得出完全不同的結論。

特別是當你面臨煩惱時，這就說明你在面對「人生習題集」中的一個課題。要試想：「現在面臨的靈魂修行有著重要意義，這可有趣了，真令人振奮。」

拳擊手在登上擂台之前，或許會披著毛巾對假想敵做揮拳練習，但是，只有練習是不行的。比賽開始之時，終究要放下毛巾，在裁判呼喚後必須登上擂台。這時即使想去廁所也不行了，這是已非迎戰不可的時刻了。

經過一個月、兩個月或者半年的練習，終於登上擂台了。各位正是為此才轉生而來，不，比這次轉生更重要的是，在轉生之前，各位經過了幾十年或幾百年，在實在界某處修行，並下決心：「請看著吧，這一次會出色地完成修行。」

因此，光看這助跑期，至少也花了幾百年，或許花了更長的時間。積累了這麼長的賽前練習，才得以在錦標賽中上場。

對手如果是人的話，在被擊中後會感到疼痛，但實際上並非如此。在各位面前看似問題的東西，只不過是海市蜃樓。這些以問題的形式、煩惱的形式所呈現的，終究只不過是各位本身的「業」而已。在擂台上與之決鬥的不是他人，正是自身的「業」。所以，不將其擊下擂台是不行的，這就是今世的使命。

如果在這時，還在擂台上說自己頭腦不好、環境不好，或是父母不好、兄弟不好或者貧窮等等的話，那就相當於雙方走上擂台，四拳相碰、四目相視的時候說：「我沒有怎麼練習，腿還僵硬著呢，從昨天起腰就很疼……」對如此辯解的人，僅有一句話可說：「你在胡扯些什麼？」然後狠狠一拳將其打到在地。

上了擂台後，還去暴露自己的弱點是不行的。必須牢記，在與自己的「業」做決鬥之時，切不可暴露自己的弱點，如果有不利的條件也不可說出。不說出來，是不讓對手知道自己的弱點，即使體重只有一百四十磅，也要像有一百六十磅的氣勢挺起胸膛。反過來，要使對方感到與自己有著二十磅的差別，有可能會被自己給打倒，要在所有方面都往好處想才行。

14．當工作上感到「再也挺不住」時，怎麼辦？

佛不會給予此人無法負擔的問題，佛不會讓人承受那種重擔，從古至今都是如此。

即便是當事人認為是難以負擔的難題，但從佛的角度來看，卻是此人剛好可以承擔的問題。

我舉一個背負著行李行走的人為例。

原本此人可以背負更重的行李，但他避開了沉重的，選擇了較輕的行李。然而，有一天他不得不再背負另一個行李，他心想：「再加一個上來的話，就垮了。」但當行李放上去的時候，卻發現到自己並未因此而倒下。

當他繼續往前走時，又有另一個行李放到他的肩上，他以為這次肯定是撐不住了，但依舊沒有倒下。

最後，這個人發現到原本以為自己無法承受重擔，但事實卻非如此，只是當時的自己出現了怠惰之心罷了。

這在工作上也是如此。當人們為工作量增加而煩惱時，但看在佛的眼裡卻會是：「這點工作量算什麼？你一定還可以的。」

因此，當自己覺得快要不行的時候，心裡面請想著：「這工作是佛對我的期待，我一定能夠克服、解決這問題。」

過去那些自己認為難以解決的問題，會隨著自己的成長，變得微不足道，根本不需要煩惱。

譬如，一個急速發展的公司的職員會認為：「公司這樣發展下去，似乎自己快無法適應這種速度，自己快要跟不上了。」

然而，當此人透過努力，完成了比過去還要多的工作量的時候，他就會感覺到，當時的想法真是太天真了，只是自己讓自己陷入不安慌張的情緒當中罷了。

所以，有不少情況是當事人陷入了「自己正面臨著大問題」的幻想之中。

因此，當狀況來臨時，不妨想想，即便現在的自己無法解決眼前的問題，但一年後的自己應該就能夠解決。如果將一年後的自己搬到現在，這問題應該如何面對呢？或許當做如此假想時，答案就會出來了。

換句話說，就是請各位假想一下自己未來的樣子、成長之姿，並且將這影像拉到現在，如此一來，你的力量就會變得更大了；請試著實踐一下。

有很多時候，當我們的心思都投入於解決難題當中，回過神來後才察覺到問題已經解決。現在自己雖然會對自己能解決如此難題，感到不可思議，但過了不久，自己能解決這類問題，都變得理所當然了。

13．那些看似問題的事，實際上只不過是自己本身的「業」。

14．佛不會給予人無法承擔的難題。

15．短跑跑不贏，那就長跑取勝

人所遭受的挫折，多數是短暫的。人們無比辛酸、痛苦和不幸的時候，畢竟是短期的。

在短短一、二年間，如果未能如意的話，這時請務必要調整自己的想法。

在短期內如果未能取得勝利，代表著什麼呢？這或許是說你沒有短跑的素質，在一百公尺的賽跑中，不可能獲得冠軍。但是，這不代表你不能成為優秀的跑者。

徑賽當中既有有八百公尺、一千五百公尺的賽跑，也有四十二點一九五公里的馬拉松。自己短跑不行的話，如果跑長跑可能會有不一樣的成績，要時常有這種想法。

我自己跑步不算快，可是，高中時期曾參加過一次校內馬拉松比賽，獲

得不錯的成績。透過這種馬拉松的體驗，使我明白體力分配的重要性。

那時，我先選了一組實力大抵相當的集團一起跑，跑著跑著就覺得狀況還不錯，身體逐漸發熱，覺得也許還能跑得再快一些，於是便從中途加快速度，也不知為什麼，自己覺得雙腿似乎變長，最後甚至超越了短跑比我跑得快很多的人。

善於短跑而肌肉發達的人，如沒分配好體力的話，跑得太快容易在中途疲乏，喘不過氣想要休息，

這時，我就從後頭追趕上來，對方想再次甩掉我而拼命地跑，可是，不知何時他又落到了後面。當時我感覺到很不可思議，竟然還會有這種事？

因此，做好適當的體力分配，客觀地分析自己，從整體上看應該在哪部分努力，才能達到整體的好結果。我認為各位可以在這方面多下功夫。

16．人生真的就只有「一條路」嗎？

當遭遇煩惱之際，思索人生的多元化也很重要；這絕非是一種困難的思考方法。

不管是職業棒球，或者是高中棒球，每個球隊當中都會準備幾名投手。先發、替補和終結投手，各司其職。透過事先準備好幾個替換投手，不管比賽呈現何種局面，都能夠予以應付。

做好相應的準備，換言之做好多元化的準備是很重要的。

對於自己的人生，好比說：「當先發投手遭到對方連續安打時，該怎麼辦？」對此應先設想。「屆時，可以採取這種辦法，或者是另一種辦法。」事先做足準備，並且磨練其技能。

雖然先發投手從頭投到尾，並取得完封勝利是理想中的事，但通常很難

如願以償。在現實當中，必須承認這一點。

這就好比各位都想獲得成功，但其結果並非每個人都能獲得成功一樣，因為各位會在各個部分發生碰撞。

為此，就必須事先想好對策。

挫折的主要原因之一，常常在於「自己只有一個目標」。有人會想：「唯有這一條路」或「只有這條路可選」，但是這樣的想法，一不小心常常會變成一種執著。因而在失敗的時候，遭受到很大的挫折。

這種思考方式，就和自己在人生初期，就限定自己要成為某種專家或行家的想法一樣。

這不禁會覺得，此人是不是忘了自己其實還有更大的可能性？

因此，當我們面對困難、著手解決困難的同時，重要的是在其他方面也要不斷開闢新路，要不斷地開拓其他的可能性。

這亦是一個很有效的方法論。

17．從低潮當中走出來的方法

到底怎麼樣才能痛苦的低潮當中逃離出來呢？

許多人是為了實現自己偉大的理想，而轉生於世間。「有著想要讓自己更加發展的心願，但現在陷入了苦境之中。」現在以上述情形為前提，試著思索一下如何從低潮當中逃離出來的方法。

第一個希望各位能夠認識到：「切勿忘記自己內部埋藏著無限的能量。」人類的靈魂構造呈洋蔥狀，這個洋蔥構造的中心位置有著與大宇宙之相通的部分，那會給各位帶來無限光明。

這無限的光明，實際上可以說有著與佛相同的力量和屬性。

所謂與佛相同的屬性，即是說那光明充滿了智慧、正義、勇氣、慈悲、愛、協調，並且能夠帶來無限的繁榮。

因此，當你陷入困境時，首先必須知道「本來的自己，究竟是什麼？」當你發現「本來的自己，是擁有無限力量的人」時，就會成為你引發無限力量的原動力。

可以說各位的心底都蓋上了一面蓋子，其實各位的力量是無限大，就像那溫泉的泉水一樣，不停地湧出又湧出。然而，不知從何時起，由於人類愚蠢的想法，自己把它給封住了；這就是現狀。

第二個希望各位能夠認識到：「要學會累積力量。」低潮的時期，即意味著「能量釋放過度，內部缺乏能量」，因此在這期間好好地努力儲存能量。

「煩惱時就要好好學習」，我常常這樣告誡自己。

在漫長的人生當中，沒有人是不煩惱的。因此，在低潮的時期，要致力於自我充電，可以說這是最明智之舉。

低潮時期中就會過去，在此之前，重要的是要盡可能地努力儲蓄。

第三，則是在這個時候，試著考慮他人的幸福。

低潮期間，人們往往考慮自己過多，而忘記了他人。應努力轉換自己的意識，試著考慮一下他人吧！想想看「怎麼做才能讓他人高興？」「克服低潮最有效的方法，存在於讓他人高興的行動當中」，這麼說並不過分。尤其，不能因為自己痛苦，就將這個痛苦傳給別人。這樣做，只會讓更多的痛苦回到自己身上。

正因為自己陷入痛苦，所以才要試著讓他人高興。正因為自己心中充滿苦澀，所以才要讓他人看到笑臉。

在試著讓他人喜悅的行動中，低潮一定會被漸漸克服。

15．客觀地分析自己，努力從整體上得到結果。

16．在解決困難的同時，要不斷地開闢新路。

17．克服低潮最有效的方法，存在於讓他人高興的行動當中。

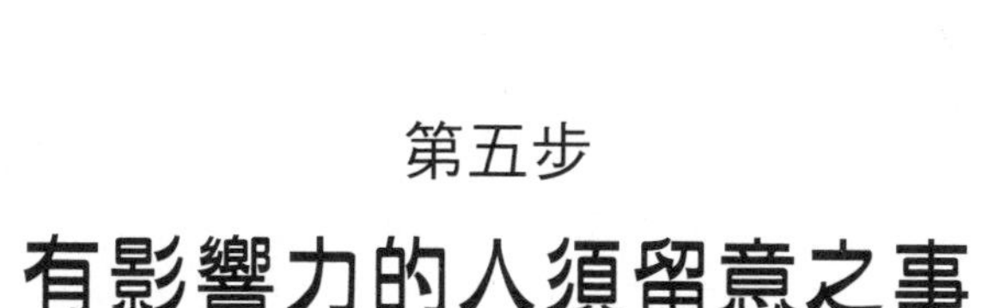

第五步

有影響力的人須留意之事

18. 如何成為更溫和的人？

世上住著六十幾億人。

在各個不同的國家中、各種不同的環境下，
有的人衣食豐足，有的人忍饑挨餓；
有的人知性優越，有的人知性拙劣；
有的人體力充沛，有的人體力衰弱；
有的人膚色白、膚色黑、膚色黃；
有的人受家庭照顧，有的人流離失所；
六十幾億人在各種各樣的環境下生活著。

如果，從佛的立場來看這個世界，
你想佛會怎麼看呢？

佛一定會這麼想：
「那也可以，這也可以。
請在各自的環境中，努力追求幸福。
請在被賜予的環境中，努力追求幸福。」

那是因為各位的人生，
並非只有今生一次。
就像那悠長的大河，
從某方流淌而來，
又流淌至某方一樣，
各位的靈魂，從悠久的過去開始就已存在，
並且無數次地在世間獲得生命。
有時，生於非洲；

有時，生於印度；
有時，生於中國；
還有時，生於日本；
各位的靈魂，曾轉生輪迴至各個地方。
也正因為這樣，在這幾近永恆的人生中，
才會結出眾多的成果。

從山上流入山谷的水，
有時會潛入落葉之下，但不久即匯成小河；
有時會變成急流；
有時會變成緩緩的河流；
一旦接近河口，
又形成似若海洋一般的廣大河川。

就像這樣，在永恆的轉生輪迴中，
各位亦會體驗各種各樣的經歷。

當各位認識到這個事實，
不管是對自己，還是對他人，
就必須要更加地寬容。

當知道了他人亦是活於各自的時間、
亦是在時間的大河之中進行靈魂修行時，
各位就不得不變得寬容。

而且，對自身也要溫和包容。
在長久的靈魂歷程中，

現在，自己正面臨瀑布、湍流的考驗，
這時請對自己說：
「辛苦了！
你現在或許很艱難，
但這是在長途旅程當中的一段過程，
不要著急。
不久，河川就會變成緩流的。
在此之前不要急躁，
對待一切都要保持寬容。」
——有一顆這樣的心很重要。

18．不管是自己或他人，都是在時間大河中進行靈魂修行。

19．怎麼樣都無法愛那個人的時候，該怎麼辦？

關於愛，基本上能否理解對方非常重要，「理解對方」幾乎就等同於是「愛對方」。

之所以不能愛對方，是因為無法理解對方之故。或許你會想：「為什麼就是無法愛這個人呢？」那是因為你不能理解此人的原因。如果能理解對方時，也就表示能愛對方。

夫妻之間也是如此，不愛對方的時候，就是無法理解對方的時候，大部分的情況都是如此。因為若能理解對方就能愛對方，正是因為不能理解，就不能愛。

不管是先生或太太，各自都有各自的理由，但由於無法理解對方的理由，自己無法釋懷，因而演變為吵架。這種事情常常發生。

若能理解對方，就能夠愛對方。

「對機說法」的時候（注），道理也是相同，關鍵在於各位能對他人有多少的理解。如果自己只能和自己同類型的人溝通的話，那麼能夠談論佛法真理的範圍就會變窄。

為了擴展愛的器量，首先需要的是理解力，理解他人的能力。

這一點，透過努力是能夠掌握的。透過累積經驗、增加知識，就能夠逐漸理解他人。

能夠理解對方，就能夠愛對方了。

此外，對於那「感受到自己被理解」的人，也會感覺到「自己被他人關愛著」。

（注）配合聽聞教法的人之能力、素質，講述適切的教義。

20．男性尤其要注意的「識人之法」

很多男性無法正確地看待他人；是怎麼樣的不正確呢？那就是常常會有先入為主的看法。

其中，最多的先入為主的看法就是：「眼前是敵人？還是朋友？」男性看到人，常常會以「是敵人還是朋友」的標準來分類。對於分為敵人一類的人，會以各種形式進行挑釁。相反地，對於分為同夥一類的人，就會透過打高爾夫或打麻將等活動，建立改善關係的俱樂部。

就像這樣，男性首先會判斷此人對己是有利或不利。

更甚者，對於自己看不慣的人或者是和自己關係要好的人，也會區分得很清楚。之後便會想：「不會將消息透漏給那個傢伙。」或者是跟上司打小報告：「他竟然做出這樣的事。」想方設法排擠此人。

男性最應該注意的，就是這種「敵我之分」的思考方式，錯誤的根源就在此。

男性一旦將人分成「敵人」或「對自己來說，是有害者」的話，就很難改變其分類了。然而，我想要說的是：「要進行這樣的分類，請再等一下，還太早做出結論。」

對方現在之所以會有這種言行，或採取那樣的立場，背後大多是有原因的。若對此不加以理解，就進行「敵我」分類的話，是會出問題的。

即使對方在工作上做出了不利於自己的行為，也有必要去探究一下「此人為何要這麼做呢？」

這樣的人，實際上可以說是自己的「老師」，通常此人反映了自己的心理狀態。

如果看到某人就認為：「那傢伙不行，不會有出息」的話，過不了多久，對方也會表現出與此相應的態度。

然而，如果你認為：「這個人也是有了不起的一面啊！」對方也會對你

產生同樣的想法。

大部分的人並不具備，在初次見面後就能理解對方一切優點的認識力。因此，對於看不見的部分，不能夠完全否定。

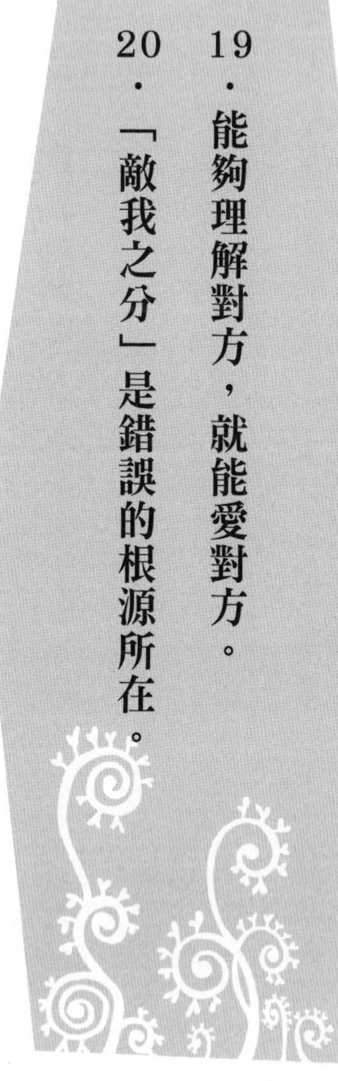

19．能夠理解對方，就能愛對方。

20．「敵我之分」是錯誤的根源所在。

21．成功人士對於上司和部屬的人際處理方法

我想從「對於上司和部下的人際關係處理」這一觀點出發，談談「如何在公司中取得成功」的方法論。

首先，我想說的就是：「要尊敬上司。」無法在公司成功的人，歸根究柢，是因為沒有尊敬上司。

的確，做為上司的人也有某種缺陷，也會有缺點，也有許多你看不過去的地方吧！

然而，此人亦有其他的優點。此人之所以成為自己的上司，那就說明他的上司判定了此人是有能力之人。

因此，如果你認為上司完全無能、毫無可取之處、充滿缺點的話，那麼你在這個公司或者這個組織之中，一定不會成功。

將上司的優點與缺點相比，如果你不能看到「優點遠遠多於缺點」的話，那麼你的成功將會非常渺茫。

此外，除了「尊敬上司」，如果不「關愛部下」的話，也是無法成功的。

那麼，所謂的「關愛部下」又是指什麼？那就是「發揮此人的優點」，以及「糾正此人做不好的地方」。

雖說部下有時是機緣巧合而相聚一起，但做為上司要想辦法提拔自己的部下成為一個更優秀的人，將來能夠獨當一面，甚至還能晉升到更高的職位。

在這個時候，最需要注意的就是「不能嫉妒部下的才能」。

有的人往往看到優秀的部下，會對其產生嫉妒，還有人更不懷好意：「要想辦法扯扯後腿、挑些毛病。」

若是上司有這樣的心態，當然部下就沒有出頭之日了。但是給予部下如

此評判的你，無疑地也不會再往上爬了。

地位越來越高的人，對於他人都能「惜才」。他們會珍惜那些有著自己所沒有的才能的人、愛惜那些有著自己所缺乏之優秀一面的人，並且懷有著助其發展的胸襟。

「關愛部下」之心，實際上意味著你有著想要提拔那個和自己個性不同的部下的胸襟。

各位必須要自豪於，自己的部下當中有著比自己優秀的人。唯有達到這樣的心境，才能說此人還可以晉升到更高的地位。

22.「溫和」與「軟弱」的區別

「男性必須成為家庭當中的模範」，這一點不言而喻。

若是僅在外面很出色，但在家裡不很優秀的男性，就不值得尊敬了。如果在外面的工作，是犧牲家庭所換取，那麼就很難說此人所做的工作是令人欽佩的了。

正因為是一個堅強的男性，溫和才得以展現。如果不堅強，就難以成為一個真正溫柔的男性。

這種堅強的背後隱藏著責任感，並且展現了「在這世間，要充分燃燒自己的生命」的企圖心。切勿忘記，唯有先擁有這份堅強的企圖心，所展現的溫和才是真正的溫和。

男性變得溫和，並非是要男性女性化，完全不是這麼一回事。

並且，真正溫柔的女性，亦是有勇氣的女性。

不管丈夫遇到何種困難和苦難，能夠提供支持和鼓勵，並幫助其完成偉業的，就是妻子的力量；此時所需要的就是勇氣。

唯有有勇氣的女性，才是溫柔的。

所謂的溫和，並不是「懦弱」、「軟弱」。所謂的溫和，反而會使人更堅強，切勿忘記這個道理。

23．為了不被看作「不成熟的人」

「忘不了自己給了他人多少，卻忘了他人給了自己多少。」人生不幸的根源就在於此。「我明明做了這麼多，可對方卻沒有一點回報。」這種想法是不幸的原點。

各位必須要察覺到，在這種「我已經做了這麼多！」的心情中，存在著一種人格的不成熟。給予時，重要的是要有著「不要求回報」的心境。

特別是在心思上更是如此；請各位認識到：「溫柔待人、關懷他人」是一條單行道。如果愛有了回報，那應該就要有「自己賺到了」的心情。

世間有太多人不知感恩了，但請不要忘記，在這些不知感恩的人當中，自己也列於其中。

即使某人認為：「我是靠自己的力量闖過來的。」但實際上，途中一定蒙受過各種各樣人的恩惠。此人一定是忘記了自己曾蒙受過的恩惠，忘記了父母、老師、朋友、公司以及同事間的溫暖之愛。

因而，開口閉口都是說：「別人沒有為我做過一點事情！明明自己做了那麼多，卻落得恩將仇報……」等等。

越是記得自己為他人做過什麼的人，就越容易忘記自己從他人哪裡得到了什麼。

重要的是應該為他人做了什麼之後，做了就忘。反之，得到別人幫助的事情要常記於心並心存感激；這是做人基本的態度。

這種「給和拿」（Give and Take）的思考方式的問題點出自於，「壓倒性善念」的不足。

而那也顯現出，你的幸福感微弱到很容易因他人的評價而左右。或者是說，唯有對方回報給你善意或幸福，你才感到滿足。

然而，如果你能夠讓自己洋溢善意、幸福，用這份幸福感受，即能沖走一切。

為什麼不展現無限的善意、無限的幸福呢？為什麼不能像噴泉那樣，湧現出無限的能量呢？

看看那大自然吧！泉水不斷湧出，山中泉水無處不在，然而，泉水要了任何一毛錢嗎？

此外，高掛天空的太陽曾說過：「想要人們的回報嗎？」曾要過一毛錢嗎？電力公司不會免費供電給我們，可是太陽卻是免費地給我們熱和能量。

要活在世間的人「變得像太陽一樣」，或許會太勉強，但卻不可不知，

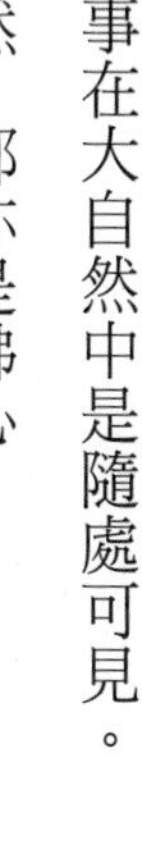

這樣的事在大自然中是隨處可見。

當然，那亦是佛心。

21．無法成功的人，是因不尊敬上司；嫉妒優秀部下的人，將不會再晉升。

22．溫和的背後是堅強。

23．對他人的施予，是條單行道，不能求取回報。

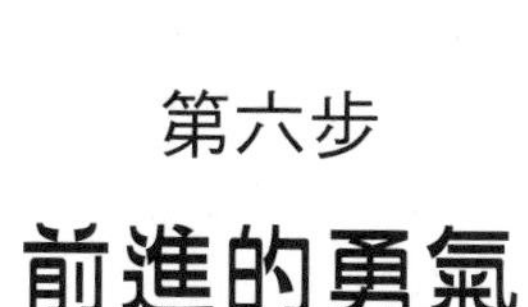

第六步

前進的勇氣

24・如何活得清爽

怎麼樣才能說活得清爽呢？我來列舉其條件。

第一個條件——乾脆

首先列舉的條件是：「乾脆」。

在現代社會，很少看到乾脆的人了。動不動就辯解或找藉口，又不反省，這些就是現代人的特徵。

因此，當覺得自己老是想找藉口、老是想辯解的時候，請想一想「乾脆」這個詞。

人難免失敗，但失敗的時候，乾脆地承認失敗，亦是讓靈魂進步的方法。若不乾脆地承認失敗，就很難邁出下一步。

第二個條件——不求回報的態度

接下來列舉的條件是：「分享給更多的人，並且不求回報。」

這樣的人雖然很少，百人中難有一個，但若仔細尋找，還是有這種人的。

但下定決心要成為這樣的人，即是出發點。

「早晨一聲『早！』，在人們的胸前插上一朵花兒，一下子走過人群。」各位要以成為這般心境為目標。

如果能一直如此提醒自己，你的性格終會變得像如此清風一般；請務必試著努力看看。

第三個條件之一——領悟生命是有限的

第三個列舉的條件是：「領悟到自己的生命，在某種意義上是有限的，而在另一種意義上亦是無限的。」

上述說明有點像禪宗問答一般，但所謂「生命是有限的」，即是指：「現在活著的人，快一點幾年內，慢一點幾十年後，都要離開人世。」

現在活著的人，幾乎活不到百年之後。家人、親戚、鄰居等等，一個不剩，皆會死去。一想到「大家都會死」，看上去周圍的人們好像都很可憐。自己也是一樣，幾年或者幾十年後也要死去，不得不離開這個人世。

但「幸福科學」可以保證死後確有來世。既然終究必須要離開人世，想要「留給世人感到清爽的感受」的想法，不是理所當然的嗎？

第三個條件之二——領悟生命是無限的

另一方面，所謂「生命是無限的」，即是指：「人生可以無限次重頭來過。」這是一種非常偉大的愛。

死後墜入地獄是件痛苦、恐怖的事，但是令人感謝的是：「即使墜入地獄，靈魂也不會被消滅。」

而且，在地獄當中修行幾百年的話，還能返回天國。之後，還可以再次轉生到人間。

如果誤認人生只有一次，完全無法挽回的話，也許就要過著慌亂，慘淡的生活。然而，事實上有一次、兩次、三次等等無數次，可以重新再來的機會。

在宗教上，雖然有人把轉生輪迴視為痛苦，但是若能夠想：「明明人生是如此的失敗，但也沒有因為這樣靈魂而被消滅，能夠繼續存活。真是很感恩。」如此達觀的想法也很重要。

如果持有這樣的心態，人生必定是過得很清爽。

25．無條件前進的勇氣

請各位試著想像一下。

在各位面前的人，如果是一位積極向上、充滿建設性、有著希望的人，假設此人以前曾有過疾病、失業、學業失敗、事業失敗等等，有多少人會在乎他那些事情呢？

正是活在過去陰影之中，人們才會說此人是一個「不幸的人」。

若能甩掉那些過去的陰影，從現在開始積極向上，充滿建設性、希望，幹勁十足地去生活的話，此人不就是個「幸福的人」嗎？

早晨一覺醒來，「真是睡了一個好覺！今天一天也要加油！我一點都不害怕自己已經上了年紀，我要工作到我闔上眼睛前！我要為社會做更多的貢獻！我要讓週遭的人獲得幸福！」要是擁有這種想法的人，遍佈世界的話，結果會怎樣？

不，至少你一個人能夠有這種想法，就可以說：「世上又少了一個不幸的人！」這一點完全是可以實現的。

只要有著開朗幸福的思考方式，光明幸福的人生就必會展開。

為了活出光明幸福的人生，不可以自己任意加上附帶條件。「若具備了這個條件，自己就能幸福」不可以自己加上這種條件。

「如果自己有一千萬，就能幸福」、「如果能在一個大公司上班，就能幸福」、「如果能這樣子的人結婚，就能幸福」、「如果能從名校畢業，就能幸福」等等，要知道這種有附加條件的心態，不是一種很堂堂正正的心。

反而沒有被這樣的條件束縛，並且下定決心、開拓光明人生的面前，精彩的人生也定會逐步展開。

「懷著勇氣，開拓森林」，必須要有這樣的決心。唯有這樣的人，美好的世界才會於眼前展開。

絕不可以附加條件，「只要自己有這樣的條件」、「只要有這個」，從今天開始，對這樣的想法說再見吧！。從今天開始，不要再認為自己欠缺了什麼而才會不幸吧！不要再找藉口，不要再抱怨吧！

因為抱怨而變好的人，至今未曾有過。因為抱怨而變幸福的人，迄今還

沒發現過。

一發牢騷，不僅在自己的心中會累積毒素，而且聽到抱怨的人，心情也會沉重起來。抱怨等同於毒素。一層、兩層、三層，層層相加，使他人痛苦不堪。

因此，不要抱怨。

但是，僅僅不抱怨還是不夠，還要在心中播下開朗、建設性的種子。這麼一來，就能夠綻放出美麗的花朵。

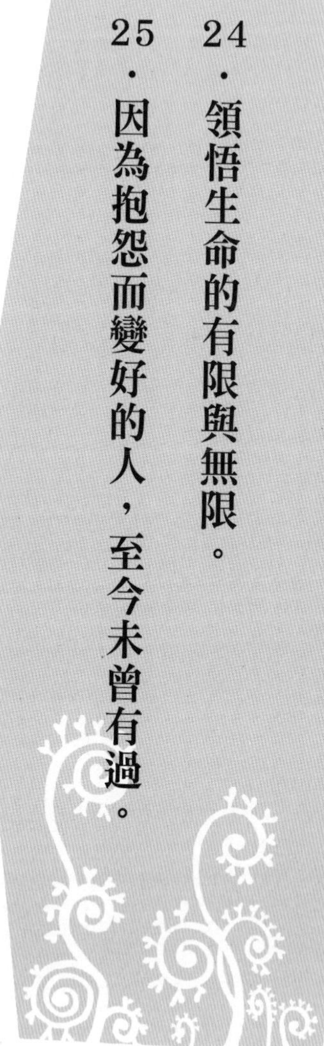

24．領悟生命的有限與無限。

25．因為抱怨而變好的人，至今未曾有過。

第七步

改變自己而閃光的人與隨波逐流的人

26．要時常發出肯定的景象

不管是釋尊、蘇格拉底、馬可．奧勒留，
還是近代的愛默生等哲人，
或者是還心理學家威廉．詹姆士，
都曾異口同聲地講道：
「人，將會成為自己所想像的人。
你每天都在想些什麼呢？
你反覆考慮、所思所想的事情，
就是你自己。
服裝或外表和你無關，
即使看了履歷，也不會知道你是何人。
人，將會成為此人自己所想像的人。」

這一點，若到了靈界真是如此。
靈界只存在「想法」。
靈界的「存在」，就是想法本身。
在靈界，人將會變成和思考內容完全一樣的人。
這種思考，在世間當中，
將會隨著時間經過而實現。

換言之，「你」這個人，
即是和你自我評價、自我思考完全相同的人。

認為「自己是牽牛花」的種子，
就會開出牽牛花的花朵。
認為「自己是西瓜」的種子，

就會結出西瓜的果實。
未來是肯定還是否定，樂觀還是悲觀，
幸福還是不幸，
取決於你「心中的種子」。
如果想讓未來變得幸福，
就必須在心中播下肯定的種子，並加以培育。
為了培育這個種子，就必須經常反覆思考。

眼看就要輸給悲觀的想法時，
就必須自己發電，
發出足以抵制那悲觀想法的肯定意念。
那是須要付出氣力和努力的。
做好今天能做的事情，

並且思索明天的希望。

快要被負面想法所支配時，
就要拿出與此相抗爭的正面想法，
並堅持到底。

人的心中，
不能同時想著兩件互相矛盾的事情。
不可能一邊笑著，一邊說悲傷的話，
也不可能一副悲傷的表情，流著眼淚，
還能講開心的話。

因此，心中到底是被什麼給佔據，

就顯得尤為重要。

對自己持有著肯定的態度，
「自己將會有更大的發展、成功，
為世間做出貢獻、獲得幸福，
週遭的人也因此獲得幸福。」
這樣的景象要時常好好地描繪。
即便眼看就要輸給否定的意念，
也要鼓起勇氣，
再度重新釋放出肯定的意念。

若能在世間做到這一點，
在靈界亦能做到。

這可以說是人生的勝利。

希望各位能學習到：

「想法會產生非常強大的力量。」

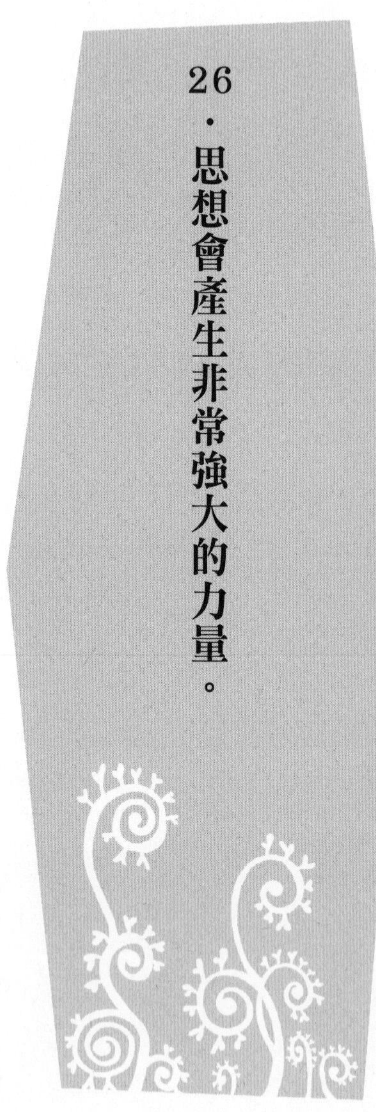
26・思想會產生非常強大的力量。

真愛召喚幸福
四大贈言與十四條幸福法則

贈言1　愛是什麼？

當有人直率地問一個問題：「愛是什麼？」的時候，到底有多少人能夠適切而簡潔地回答呢？有人問你：「『愛』很重要，但愛到底指什麼？」此時，你能適切的回答嗎？

此時，你不可用冠冕堂皇的話去搪塞，而須用自己的話簡潔地回答。若你做不到這一點，那就說明你還沒有掌握到真正的覺悟。

因此，我提議，讓我們試著從多方面來思索「愛是什麼？」吧！深入地理解是什麼是愛吧！試著用簡單的話語去形容愛吧！

Part 1

你受過愛的愚弄嗎？

描述「嫉妒心」的電影《怪談》

先來談談「不被自己的嫉妒心愚弄的秘訣」。

談到「嫉妒心」，我想起有一部二〇〇七年的電影《怪談》。說實話，我不太想向大家推薦這部電影；我個人自從踏上宗教家之路後，一直儘量避免看恐怖電影。

然而，因工作關係，這種恐怖電影的表現手法，也是一種研究的對象，此外對於女主角扮演的幽靈到底是多難應付，多少有點興趣。所以在這種想法下，還是走進了電影院。

有些人可能沒有看過這部電影，所以，首先簡單地介紹一下故事情節。

迷戀美男子的美女故事

時間是江戶時代末期。

江戶鎮上，有一位教人用三弦琴彈奏「淨琉璃」的女老師，這是一位年近四十歲的單身美女。

這位老師家中，經常有個年輕男子出入，他是一個住在附近、賣香煙的小夥子。隨著女老師和那個美男子的感情逐漸加深，從某個時刻起，她已把他當作自己的丈夫看待了；故事就是這樣開始的。

這個美男子剛過二十歲，比女老師年輕多了，兩個人非常相愛。

可是不久，老師開始懷疑，這個美男子與自己的年輕女徒弟有曖昧關係：「他是不是更喜歡年輕的女孩子呢？」於是就開始嫉妒起來。

有一天，女老師的臉上出現傷痕，而且還紅腫起來，就像怪物一樣可怕。可是，那個美男子並沒有扔下她不管，還是用心照顧她。在一個煙火大會的晚上，正當美男子和年輕女孩在外玩耍的時候，女老師的病情加重，離開了人世。就這樣變成了幽靈。

女老師在臨死前給美男子留下了這樣的遺言：「如果你和其他女人結婚的話，我就會殺死對方。」

從此以後，每當美男子要與另外的女性結婚時，女老師的幽靈必定會出現，把對方折磨得死去活來。

電影《怪談》就是描述這樣的情節。

實際上看了這部電影，除了女演員的演技精湛，外加上電腦影像處理的水準很高，讓人覺得愈加恐怖。

我雖然也是膽顫心驚地看完了這部作品，但透過這部作品，我有一個體會，那就是：「人之所以會變成幽靈的根源就在此。」

這個電影是以男女之「愛」為中心，但那種「愛」的內涵出現了問題。

正因為愛，所以才想獨占……

「幸福科學」中也有許多關於「愛」的教義，這個「愛」和「執著」的界線，實際上是個難題。

越是愛，就會變得越執著。

越是愛，獨占欲就會更加萌發。

自己所愛的人，如果對自己以外的人示好，嫉妒心就會被激發起來。

這的確是個難題。

如果不愛，就不會產生這樣的問題。正因為有愛，才會想要獨占，才會產生嫉妒。

幾乎所有的人都難以逃脫這種情緒吧！怎麼樣？有能逃脫的人嗎？基本上是逃脫不了的吧？

我寫的《感化力》（編注：中譯本尚未發行）這本書當中，雖然曾提到「夫妻之間健全的嫉妒心有一定的效用」。但是看了那部幽靈恐怖片，我想還是必須得提醒各位一下，因為各位一個不小心，自己是有可能變成幽靈的。

佛教中「愛」等於「執著」！？

釋迦牟尼留給世人的話裡，有一些現代人看來不可思議的教義。那是什麼呢？那就是「不要愛人」的教義。

這裡所說的「愛」，與我所講的「愛」有些不同，它是指「執著」的意思。它被稱作「愛執」，是對親友等人懷有一種像「粘蟲膠」般執著的愛。

譬如，父母對待孩子時也會出現「執著」。現在獨生子比較多，父母對孩子緊跟不捨，不肯放手，那種像是「粘蟲膠」的愛讓人無法逃離，衍生出許多煩惱。

孩子一方會煩惱，父母也有做父母的煩惱。或者說，夫妻之間也可能會出現這樣的愛。

這種愛也該稱作「束縛之愛」。雖說是「愛」，但不是我所宣導的「施愛」，而是「束縛之愛」。

愛之中既有「施愛」，也有「束縛之愛」。

想離開父母而獨立的孩子，與不讓孩子逃脫的父母

人如果任從本能行事，一旦付出了愛，就很容易變成束縛之愛。譬如，母親因為疼愛孩子，把孩子抱得緊緊地不讓跑掉。對此，孩子心裡想要獨立、自立而進行反抗，此時就必定會出現反抗期。

在這個時期，唯有能突破父母束縛之愛的人，才可以在社會上獨當一面。並且，才能結婚，與父母以外的異性組成家庭。

不能突破這個束縛的人，過了三十歲也無法結婚，肯定還待在家裡。這情形不僅是出現在母親和兒子之間，被父母過度寵愛的獨生女，也會像是被「粘蟲膠」黏住一樣，出不了家門。

就像這樣，在愛的問題上很難拿捏分寸。

愛本身不是一件壞事，正因為愛，所以才會溺愛，從而創造了痛苦。

如果走到了極端，最後就變成電影《怪談》中的女老師那樣，因為不允

許自己愛的男人喜歡上其他的女孩，所以即使做了幽靈，也要一個個地殺了對方的女伴。

相見是分別的開始

雖說是電影，看上去有些極端。但這樣的事情，實際上是會發生在眼所不見的世界的。

從靈性角度來看，死後變成「不成佛靈」的人當中，不只是有因憎恨而成為憑依靈，還有許多靈是因為「愛」，才憑依於家人、戀人、丈夫、妻子或孩子的身上，不想分開。釋迦教義中的「不要有愛執」、「不要執著」、「不要執著於自己是長子、將來會繼承財產」的教義，光是看這一點，似乎會覺得非常冷酷。對此也許有人會覺得：「為什麼是那麼冷酷、反社會？」

然而，看了《怪談》之類的電影後，就會理解這教義的意義了。

如果在釋迦的教義之上，掛上「若不想變成幽靈」這句話，就會更明白其意思了。

「若不想變成幽靈，就要捨棄執著。

死了之後，就徹底放棄吧！

不要執著於世間之物。

不要執著於世界之人。

要知道，即便是自己深愛之人，終究會分開。

別離之時一定會到。」

釋迦即是這麼說的。

正如「相見即是離別的開始」這句話所說，人與人終究會分開。

相見即是離別的開始。
和相愛之人的離別時刻，必定會到來。

與相愛的人離別儘管令人悲痛……

雖然與相愛的人離別，是一件最令人悲痛的事，但是在人生中卻無法避免。

要好的夥伴、幫手，或者是互相非常關愛之人，有時會因為某個事件，導致變得相互憎恨，進而分道揚鑣；這亦是悲傷之事。

然而，這就是人生的真相。

「在流動、變化中無一事能固定，這才是真實。若認為世間存在著永不改變之物，這種想法其實才是錯的。」釋迦如此教導世人。

結婚之際，誰都想相信「愛會永遠不變」，但在幾十年的人生當中，畢竟會遇到相當多的痛苦局面。

屆時，請重新思索「愛」應有的樣子。

「自己所表現出來的愛，是否是會讓自己成為幽靈的愛？」希望各位能試著思索一下。

獨生女之所以嫁不出去的原因

若有獨生女未能出嫁一直待在家裡，作為父母儘管是很愛女兒，但實際上是不想放女兒走，想讓其一直待在家裏。

請思索一下：「這種愛，是否就是自己死後，也要附身在女兒身上的愛呢？」

或者是，夫妻之間雖然相愛，但也請思索一下：「這種愛是否是某一方死後，自己變成幽靈也要憑依在對方身上的愛呢？」

人的靈魂畢竟都是各自獨立的，各自都有自己的修行課題，所以不可以對於對方有過度的執著。

「愛者別離、憎者偏遇」的人生真相

釋迦在「四苦八苦」（編注）的教義中是這樣說道。

「須知，世間是一個與相愛者別離（愛別離苦）、與憎者偏遇（怨憎會苦）的世界。」

雖然說法很殘酷，但這是人生的真相。

人際關係就像河水一樣流逝

此外，釋迦還講過「諸行無常」的教義。

（注）四苦指生、老、病、死；八苦是：除四苦外，尚有怨憎會苦、愛別離苦、求不得苦、五陰盛苦。

「世間的一切都在變換，任何事物都無法維持相同的狀態。」

這也是事實。

至今，我已經率領了這個組織二十多年了，但要想維持固定的人際關係，確實很難做到。

形形色色的幫手出現，經過了短暫的時間又離開了，之後又有新人出現，交替輪換，來來去去。

曾有多次以為「這個人，就是我一生的合作幫手」，可事與願違，這個人還是走了，留下許多令人悲傷的回憶。

從而，我漸漸地開始醒悟到，人際關係就是這麼一回事。

進而認為：「各個不同的時期，都能夠出現幫助自己的人，是一件多麼值得感激的事呀！」

而且，後來出現的人，幾乎都比之前的人還更有力量。

這二十年多來的經歷，讓我感覺到：「每個階段，終會出現必要的人。

因此，不可盡是遺憾要道離別，還必須為新的相逢感到高興。」

只要在一生當中，和此人維持良好的關係就可以了。

然而，最終卻不得不在某時告別，從而留下傷心的記憶。

而另一方面，新人又會出現在眼前。

因為不太了解新人是怎樣的人，有時還會擔心此人是否能夠勝任。但是，有時新人能發揮出相應的力量，將組織順利運作。

這種情形或許可以用「新陳代謝」這個詞來形容，即「人際關係就像河水一樣流逝」。

人際關係也會像河水一樣流逝。

送給親人即將踏上來世之旅的家屬一些心得

各位必須對於「諸行無常」一詞，有一定程度的理解。

譬如，人與人之間的交往，在相見之時就已經是離別的開始。即便在世間沒有那種人際關係上的離別，但最後「死別」的一刻一定會來到。

此時，若是在配偶過世後，一直處於悲傷狀態的話，過世之人也會感到難過。

如果看到留在世間丈夫或妻子，日夜悲痛的話，逝去的人就會因難過而無法踏上來世的旅程。

進入新的世界，遇見新的朋友、學習，正要進行靈界的修行時，會感覺到自己從背後被拉住。

此人會覺得：「唉！還是放心不下留下的妻子！」進而感到好像腦後的

頭髮被扯住的感覺。

若是這種感覺太強烈，那就太可憐了。

從結婚時開始，最後就會面臨死別，所以在某時某刻就必須冷靜地告訴自己：「總有一天會與相愛的人告別。」如果能這麼想，在人際關係上就會保持一定的「不動心」、心靈的安定。

或許從某種角度來看，似有些冷漠，但卻能給予人一種安詳的感覺。

孩子早晚都要離開父母而自立

人的一生當中，既有與孩子分別的時候，也有比孩子先離開人世的時候。人生當中會發生許許多多的事情。

然而，這就是世間。

自己的孩子出生時，誰都會想：「要是能夠一輩子住在一起就好了。」

但是，總有一天孩子一定會想要反叛自立。

然而，也必須認為：「這樣也不錯！」

「孩子最終就是會反抗父母而自立。父母親若是去壓制，那就錯了。這個世間，就是如此；這就是真理和前提。」

若能這麼想，就會減少許多不必要的痛苦和悲傷了

在人際關係當中，重要的是要以「愛」為槓桿，避免增加痛苦和悲傷。

心是很難自由操控的

世間當中，沒有任何一樣東西是可以自由操控的。即使是自己的心，要想自由操縱，也非常困難，很難做到如臂指使。

古人云：「心猿意馬」。「心就像馬、猿一樣，到處亂跑，難以做到隨心所欲。連自己對自己的心都難以自由操控，況且是夫妻、親子，兄弟、朋

友、事業的幫手，他們的心亦是難以如你所願變化的。」

若能夠這麼想，你的心就會像河水流逝一樣，沒有罣礙。

何謂真正的「不動心」？

不動心並非就是如磐石一般巍然不動之心。所謂的不動心，並非像岩石那樣，幾億年不位移的心。

「世間萬物皆在變化，變化即是世間的真正樣貌本」，若能這麼想，那麼許多事情就能夠承受了。

即使是「絕對會在這個公司工作一輩子」而意氣風發地進入公司的人，也會一個接一個地辭去工作。一年、三年或十年後，儘管時期不同，都會有人辭職。

請各位要認識到：「世間所有，皆是自己人生學習的過程。現在自己被

賦予到自己必要的問題，不管是人際關係，或者是工作挑戰，總之自己會面臨一個接一個的人生課題。」

世間所有，皆是自己人生學習的過程。不管是人際關係，或者是工作挑戰，總之自己會面臨一個接一個的人生課題。

我在英國旅行中發生的事

先前我談到電影《怪談》中，因為愛得過分而產生痛苦的話題。以下，我想談談剛好可以相對照的事情。

我於二〇〇七年七月底到八月初去了英國。在停留期間，從倫敦飛往愛丁堡，住了一晚。

愛丁堡近郊有一個叫艾伯茨福德的地方，是被稱作「繼莎士比亞以來的大作家」沃爾特·史考特居住過的城堡。城堡裡有規模龐大的書庫和武器庫，聽說他就是參考這些，寫了很多小說。

據說這是「若要寫書，必定得去參觀一下」的名勝古跡，即使稍微遠了點，還是去看了一下。這個地方位於邊界，在英格蘭和蘇格蘭的中間地帶附近。

聽到了某位女導遊親身經歷的事

當時，是一位在愛丁堡住了十幾年，四十歲左右的日本女性當我的導遊，她非常喜歡一九七〇年代時，也曾在日本流行過的愛丁堡某樂團的歌曲。她被這些歌手和他們的時髦打扮所吸引，來到了愛丁堡，並從此定居下來。之後與一位蘇格蘭人結了婚，從事導遊業已經有十多年了。我問她：

「你的丈夫呢？」她回答：「三年前就去世了。」

她在車中還告訴我：「我還住在和丈夫一起住過的家裡。因為有導遊的執照，所以至今仍在從事目前的工作。但已經過了三年了，我很徬徨不知道今後該怎麼辦？」

回到天國後，非常快樂

她知道我有靈能力，我也感覺到她想要問我他先生的事。

當時，基於某些原因，我向她傳達了她先生的話語。

「你丈夫很高興地說：『回到天國後，非常的快樂啊！』和妳的結婚生活也感覺很幸福！」

「是啊，就是因為這樣才難以忘懷，他是一個很好的人。」

「你丈夫說：『我在這裡快樂地生活著，妳可以安心了。已經三年了，不用一直守著那片土地，妳已經自由了。妳還年輕，去找一個好人吧！回日本也可以，待在這裡也行，怎麼樣都可以，去找一個好人吧！和妳的結婚生活非常快樂、開心。』」

「他真的是那麼說嗎！」她非常高興，感覺就是在期待聽到這樣的話。

聽到亡夫的消息而喜淚交加的她

她恐怕很在意：「三年前去世的先夫，是不是至今還附在自己身上，心想：『不會讓你再婚的』而束縛自己呢？還是在那個世界過得很幸福呢？」

對此，他丈夫說：「啊！已經夠了。我在這邊的世界過得很幸福，也交了朋友，很快樂。所以妳也自由吧！不要對我太執著，另找一個喜歡的人」。他確實是個好丈夫。

四十歲左右不到，這個年齡的確是能夠找到好伴侶的，若能得到先夫的許可：「去找個好人家吧！」確實是件值得稱道的好事。

當我再跟她說：「你先生還說：『我已經回到天國生活了，妳不用再幫我守墓了。』」

她聽到之後，喜淚交加。

儘管我在思忖：「她是不是把我誤認為是靈媒」，但實際上我也的確知道她先生的靈在想些什麼，所以進行了轉達。

去天國的人與成為幽靈的人區別何在？

這件英國發生的事，和電影《怪談》相比較，就可以明顯看出主角的心境大不相同。

導遊的丈夫聽說是在五十歲左右過世，雖然比想像得稍微早了點，但這個丈夫的靈魂，卻與《怪談》當中「如果有了新的對象，就折磨對方到死」的靈魂正好相反。

各位變成了靈魂之後，應該儘量像這樣，祝福身後的親人能獲得各自的幸福。

「斬斷對世間的執著，在靈界當中保佑他們吧！自己在新的世界裡，結識新的朋友過好生活。」持有這樣的心態是很重要的，這樣的人就會前往天國。

但如果不是這樣，憑依於世間的妻子身上，聲稱：「這是我掙來的土地和房子，絕不允許他人沾光。」若是這樣此人就一定會變成幽靈。

希望各位往後能祈求身後之人的幸福，從另一世界當中獻上祝福。

每一個人皆會離開世間，所以要想「人生就是這麼一回事」。

離開世間的人，應祝福留下來的人更加幸福。

這是真愛？還是……

如果真的愛對方的話，應該祝福對方幸福，而不應該詛咒對方不幸。

如果在自己認為的「愛」當中，參雜了詛咒對方不幸的意念，那就是自我我欲的「愛」；那是自我保護的欲望或自尊、自我憐憫的「愛」。

若是真正的愛，就必須祝福對方往後的幸福。

如果詛咒對方不幸，甚至想要殺死對方再婚的對象，最後連自己喜歡的男人也想一起殺掉，那麼此人注定會墮入地獄。這已經是到了惡靈的地步。

你的愛是否是「束縛的愛」？

如果愛到最後，變成這個樣子，那就太可悲了。

若演變到這種情形，就是「愛過頭」的問題。

孩子也好，夫妻也罷，戀人也好，如果愛過了頭，有時就會相互傷害。容易變成那種幽靈的人，似乎都有「做過頭」的傾向。

即使覺得「不用做到這種程度」，卻還是愛過頭了。

對孩子也好，對異性也罷，如果是一個過於奉獻、愛過頭的人，通常都是嫉妒心強烈、獨占欲旺盛的人，致使最後變成幽靈。

所以，「愛過頭了」也會成問題。

不可這樣，而應該給予對方某種程度的自由。

即使是孩子，也要給予一定的自由，即便是丈夫，也得要有一定程度的自由。

如果將其完全束縛，像「籠中鳥」一樣，那就不是「愛」了。只有在空中飛，才能稱之為鳥，關在籠子裡的鳥就會「死」掉。

為了讓丈夫能夠心情愉快地去上班，這就需要妻子的幫助和愛。

在愛之中，還是需要一些健全的嫉妒；嫉妒本身是不可能完全消除的。

嫉妒、上進心和競爭心等等是相互關聯的，所以不會完全消除的。

嫉妒到褐色程度恰好

松下幸之助曾巧妙地說過：「嫉妒心要嫉妒到褐色程度恰好。」

若嫉妒到「焦黑」程度，是不行的。

可是，一點嫉妒心都沒有，也是不行。「褐色、棕色是嫉妒得恰到好處，請到這種程度為止。」

這也是一種中道，或許是一種特別的教義，這就叫「嫉妒之中道」。

無論是丈夫還是妻子，多少有點嫉妒或佔有欲是應該的。尤其是夫妻中的一方比較熱衷於興趣愛好或參加社團活動等等，另一方對方就會擔心起來，開始想要抱怨。但此時要想起：「嫉妒到褐色程度恰好，如果變成焦茶色，或焦黑的話，就太超過了。」

但如果一點嫉妒心都沒有，這又會讓人感覺到狐疑了。

「請自便，我完全不會在意，也不關心。要去哪裡，要死在哪裡都隨便你。」若是如此，這幾乎等於沒有愛。

如果嫉妒心能停止於恰到好處的褐色或不造成傷害的狀況就好了。若能在這種情況下停止，就不會變成幽靈。

然而，我要提醒：「如果嫉妒到焦黑的話，就會變成幽靈。」

這對配偶或孩子都是一樣的，如果嫉妒到焦黑的話，是不行的。請控制到恰到好處的、薄薄的褐色、棕色較好。

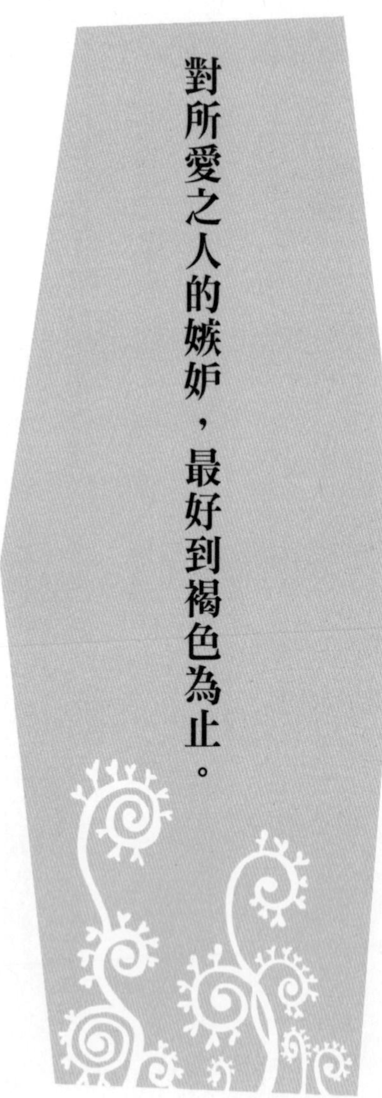

對所愛之人的嫉妒，最好到褐色為止。

能幹的妻子要能熟練地拿捏分寸

嫉妒也是愛的一種表現，少量即可，不能嫉妒到焦黑，而且也不可以將對方放到籠子裡。

「稍微的嫉妒，但同時也要一定程度上信任對方，給予對方自由。」對此的分寸拿捏很重要。

此外，世間每一個人並非都是站在相同的立場，妻子若不能隨著先生在社會上的地位，進行心態的調整的話，將來就會遇到很大的困難。

就像這樣，女性也需隨著先生立場的改變，不斷地進行相應的進化。

必須重視心的控制

電影《怪談》講述的是四十歲不到的女音樂老師，與剛過二十歲的年輕

男子陷入了很深的感情。

因為女方的年齡比男方大，所以她自己一開始就已明白，年輕的男子終究會拋棄自己而和年輕的女孩一起相處。

當初男方因為沒有穩定的收入，所以才會依靠女方，因此她一開始就知道男子早晚都會獨立離開。

既然早已明白這一點，若能帶著「這幾年只要快樂幸福就好了」的心情，最後應該就不會變成幽靈了。但是，若嫉妒到：「如果拋棄自己，就一定要殺死你」的話，畢竟是不行的。

希望各位以此為例，認識到控制己心的重要性，並且思索適切的嫉妒心到底是到何種程度為好。

贈言2　打從心底說出「我愛你」

有的人，因吵架而分手後，才發現自己愛著對方。
有的丈夫，在離婚後，才吃驚地發現，沒有妻子竟是如此空虛
有的妻子，在大罵、詛咒後平靜下來，才發現丈夫的偉大。
有的父母，在孩子過世之後，才發現自己未曾誇獎過孩子，而不斷自責。
請記住我的話，
失去之後才發現就太晚了。
如果你愛對方，
就請現在，
向對方說出「我愛你」。

如果你喜歡對方，
就請現在，
以行動表現出來。
切莫遺留下永遠的悔恨。
在世間尚有生命之時，
就請說出「我愛你」、
就請打從心底徹底地說出「我愛你」。

Part 2

你的愛是真的嗎？

要知道「愛是施予」

在此我想講講「獲得幸福」如此平易近人的題目。我想儘量講得淺顯易懂，讓即使剛剛開始讀我書的人也能明白。

「幸福科學」雖然特別重視「愛」的教義，但對於「愛」與「執著」做了明確的區分。

世上有許多人在定義「愛」的時候，都是以「自己被愛」為思考中心，這也可以說成是「從他人身上得到愛」。

但是，幸福科學所說的愛是「施愛」，「施愛」相當於佛教所說的「慈悲」。

對此，若未學習過宗教性的思考方式，是很難想到的。若是沒有接觸過任何宗教，僅僅接受過普通的學校教育而進入社會的話，大多數人沒有考慮過什麼是「施愛」吧！

明明自己對他人付出了愛，為何被討厭了呢？

世間當中有太多人，被錯誤的「愛」的想法給支配著。

許多人以為「自己對他人付出了愛，正實踐著愛」，但很多情形是因為錯誤的想法，反而帶來了痛苦。

譬如，請父母親思索一下對子女的愛。

父母都會說：「對自己的孩子當然會捧在手心，十分疼愛。」可是實際上你是發自內心地愛著孩子，並且是為了孩子而活著的嗎？

有很多情形是，小孩子不聽從自己的話，進而出現許多叛逆的行為。

「我是如此疼愛著孩子，可他們為什麼不聽話而反抗呢？非要把我說得這麼壞呢？真是不知道為什麼啊！」一為此而苦惱的父母，應不在少數吧！

自己所愛的孩子走上歪路，行為不端，甚至離家出走，或夫妻關係因孩子問題而關係惡劣。

此時，父母們會想：「我是如此愛著孩子，為什麼是這樣的後果？」實際上，這想法當中隱含著錯誤。

「有條件的愛」逼得孩子走投無路……

錯誤之一就是你在向孩子要成果，「如果小孩達到了目標，就把愛給小孩」，你在以這種方式給予愛。

這樣的父母多不勝數。

這是社會男性化的表現方式之一。

在公司等男性社會中，盛行成果主義，並且滲入到家庭當中。母親要求孩子達到特定的成果，「如果孩子達成目標，就疼愛小孩子；如果沒有達成目標，就以叱責和怒火來取代愛。」常常可以看到這種情形。

當然，在一定範圍內，這樣的事情是被允許的。

孩子若在學校取得優異的成績、體育表現活躍、繪畫或書法作品得到好評，作為父母來說是值得高興的事情，誇獎孩子幾句也是理所當然。

但是，若開始將「成果作為條件」、給「愛」附加條件的話，就會產生問題。對孩子來說，能夠達到目標固然很好，若達不到時，就會向父母舉起反旗，以保護自己。

「如果你達不到目標就不疼愛你了。」當孩子聽到父母這樣說的時候，就會感到恐懼：「父母也許會丟掉自己。」他們會感到「愛」之相反的「恐懼」。

孩子雖然會為了取得某種成果而努力，但由於父母的要求太高，有時難以達到。

此時，孩子為了自我保護，就會開始反抗、自閉或逃避。

像這樣，孩子的不正當行為、反抗或逃避等等，都是因父母「有條件的愛」所引發的問題。

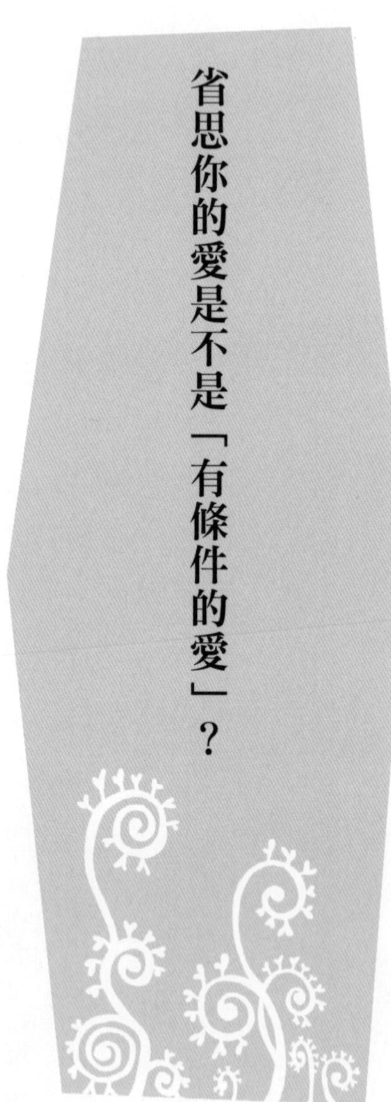

省思你的愛是不是「有條件的愛」？

當感到伴侶的愛成為重擔時

同樣的事情，也容易發生在夫妻或伴侶之間。男女之間，常常會要求對方滿足某種條件。

這種思考方式就是：「如果你滿足了這樣的條件，那我就愛你。」

「如果出人頭地了，我就愛你。」

「如果收入增加了，我就愛你。」

「如果有房子了，我就愛你。」

諸如此類，要求條件的事情形形色色，人們常常沒有察覺到，這樣的愛，對於對方來說是一種沉重的負擔。

雖然有人為了得到對方的尊敬而拼命努力，但是不堪沉重負擔、有苦難言的人不在少數。

此外，在親子、夫妻、戀人之間，也有許多人痛苦於自己被束縛、被管

束。被父母或伴侶的束縛感覺越重，不幸的感覺也就越強。

以為是在「愛」對方，但實際上……

然而，以為自己是在「愛」對方的一方，不曾想過自己會給對方帶來不幸。

特別是，人越是聰明，其支配欲就越強，就越會表現出想要支配他人的傾向。在這種支配欲中，湧現出了以為自己「能操縱對方」的意欲。

這樣的人很聰明，如果對方按照自己的意圖行動時，就會覺得「彼此相愛」，如果偏離了自己的意圖，就會感覺「愛不成立」。這在某種意義上，是一種支配欲。

此人雖然以為自己愛著對方，但這種愛與幸福科學所教導的「施愛」不同。

「操縱對方，若對方按照自己的意圖行動的話，愛就成立。」

「像契約一樣，如果符合條件，就是愛。」

「若對方符合自己心目中的『模子』，愛就成立，否則就不成立。」

這樣的思考方式，是不正確的。

想隨己意操縱他人之人，其內心有著恐懼

持有這種想法的人當中，女性比較多，但若是去思索：「為什麼非要把丈夫或男性伴侶放到模子中呢？」我認為其原因還是出自於恐懼心。

這是一種「害怕失去對方的恐懼」，是一種「害怕自己無法再掌控對方的恐懼」。

此外，一般情況下，因為不知道對方（男性）在公司裡做什麼樣的工作，所以也有一種「掌握不了對方行蹤或工作的恐懼」。

當對方的一切均在自己的掌握中，能操縱對方時，就認為「愛是成立的」；而一旦無法操縱了，就馬上會湧現出一種恐懼心：「自己是否會在不知不覺中被丟棄呢？」

如此一來，「防禦本能」就會出現，無論如何也要操縱對方，為此話語就變得刻薄起來，而開始調查對方的行動。

家庭之愛崩壞的起因

譬如，在丈夫回家洗澡時，查看他手機或筆記本電腦中的電子郵件。這樣的事情一旦開始，就會變成家庭之愛崩壞的起因。

「到底每天都收到什麼樣的郵件啊？」

「這封該不會是女性來的簡訊吧？」

一邊查看丈夫的郵件過程中，一些幻想就會慢慢成形。更甚者，會委託偵探調查丈夫，到此已經進入了一個相當危險的境界。

之所以會變成這樣，基本上是支配欲在作祟。是因為有一種「想支配對方」、「想獨占對方」的欲望。

對於無法壓抑這種情緒的人，建議你暫時冷靜下來思考。好好想一想：「從『施愛』的教義來看，你是否有支配欲和獨占欲？」那絕對是一種把對方綑綁住的愛，這一種「奪愛」，其愛的當中，一定存在著地獄性的思想。

因此，這種愛的方式是錯誤的。

孩子會逃離「以恩人自居的父母」

女性有一種將家人看作自己「所有物」的傾向，認為「丈夫與子女都是自己的」。

在親子關係融洽的家庭中，親子間大多都是這樣的對話：

「媽媽只是生了你，沒有做什麼別的。

你是靠自己的學習與努力，才會有今天的成就。」

因此孩子不會反抗父母。

然而，親子關係不太融洽的家庭，其情況正好相反。

當孩子感覺到父母把自己當成是「所有物」時，通常會產生反抗之心。

「生你的時候，疼得死去活來。」

「那時，你爸爸被裁員，整天無所事事做，家裡的經濟狀態差得不能再差。」

「我的身體也不好，生你的時候骨頭都散架了，至今還沒有恢復原狀。」

如果這樣的話，連續十年以上講給小孩聽，要求小孩要感恩，對於聽的人來說是多麼痛苦的一件事。

若是父母親像是壞掉的錄音機一樣，不斷重複相同的話語，如此孩子就會慢慢厭煩起來：「這樣的話是第幾次說了？」於是，從小學六年級左右至國中時期，孩子就會開始逃離父母。

父母必須知道：「孩子為什麼要逃之夭夭？」

因為父母老是說著相同的話，所以避之唯恐不及。

總是要孩子感恩，不停地嘮叨：「你還欠我呢！快還！快還！」

唯有「純粹施予」才會有「德」

如果是這個樣子，養育子女不會讓父母親積「德」。

唯有「純粹施予」才會有「德」。

「自己在背後作無名英雄就好了。

養育子女本身就是自己的生存意義，

這本身就是足夠的獎勵。

惟願子女能夠幸福生活就可以了。」

如果父母能夠這樣想的話，孩子就不會逃避了。

但是，父母若想著：「自己吃過的苦，經歷過的艱難，往後要一點一滴地補回來。」於是孩子就會想要逃走。

如果總是不停地嘮叨：「你還有多少『借債』沒還。」不管講話的是父親還是母親，畢竟被討債不是好事，所以孩子就會想著逃避。

如果你的孩子開始逃避，請反省一下「自己是不是也有這樣的口頭禪」。

是否錯把嫉妒心當成了「愛」？

在夫妻關係中，有不少人將因為害怕失去對方而產生的嫉妒心，誤認為是愛。

的確，當男女之愛產生時，二人之間就不能容忍第三者進入，也會產生一定程度的嫉妒心，也會出現具有「排他」的傾向。

然而，若這個嫉妒心走向極端，就必須知道它已經不是愛了。它不是愛，而是在「束縛對方」、「奪去對方自由」，對方會因為這個重擔而痛苦。「總是受到妻子的監視」、「總是受到丈夫的監視」，這是相當痛苦的事情。

真正的愛，是應該要讓對方幸福，但一般人卻容易走向極端，進而剝奪對方自由，讓對方痛苦或束縛著對方。

若以為這就是愛，就會肯定自己的嫉妒心，並將其正當化。所以各位必須明白：「嫉妒心與愛是不同的。」

要知道「嫉妒心」與「愛」是不同的。

「相信對方」的重要性

從本能上說，伴侶之間無論如何都會產生嫉妒心，此時重要的是應想到：「這不是真正的愛。」而且，應尊重對方的人格，要在一定的範圍內給予對方自由，

必須要持有「相信對方」的心態。

不僅是夫妻之間，對待子女也是一樣的。

無論多麼在意子女，也不能整天死盯著不放。子女上學、與朋友玩耍或上補習班期間，父母是不知道孩子是在做什麼的，但是沒有必要監視子女的所有行動。

束縛對方，總是將其放在自己的「圈子內」，這不一定是愛。

如果開始心存嫉妒，必須要立刻反省，將這種情緒化解掉。如果任其發展，嫉妒心恐怕就會轉化為通向地獄之心。

老是想晚點回家的丈夫的心聲

嫉妒心幾乎全都是源於恐懼心。

嫉妒心是一種害怕對方逃走、害怕失去對方的恐懼心，或者是說它產生於自我保存欲、自我中心主義。

在其背後，有著「想操縱對方」、「支配對方」的心情。在一定範圍內，這樣的心情也是可以原諒的。但是讓對方感到痛苦，施加重負，使其感到窒息，那麼這樣的愛就「徹底破滅」了。

實際上，世間有很多害怕回家的男性。

為什麼丈夫老是想要泡在小酒館裡呢？

那是因為他想晚些回家，盡可能地縮短與妻子的接觸時間，這是一種逃避。因為不可能有兩個家，所以就只能盡可能地拖延回家的時間。

與妻子的接觸時間長了，丈夫不知道又會被太太唸些什麼。

所以想營造一種回到家之後，就能夠馬上睡覺的狀態。

「唉，今天累了，加班實在太累！」

「今天接待客戶真是太辛苦！」

這樣一說，倒頭就睡，就能儘量減少與妻子對話的機會。

世間有很多這樣的男性，必須將他們從妻子的攻擊中解救出來，他們實在很可憐。他們是一群不知如何和妻子對抗而感到痛苦，需要獲得「拯救」的對象。

給對方施加重負，愛就會徹底破滅。

控制嫉妒心的「大人的智慧」

能控制嫉妒的情感，是「大人的智慧」。

各位必須要控制嫉妒心。

必須要尊重對方亦是一個獨立的個人。

無論是夫妻或情侶關係，還是子女長大成人時的親子關係，都是一樣的。這些關係中，有些事自己可以干涉，但有些事必須交由其本人去決定。

「因為我這麼愛你，所以要徹底圈住，不能讓你逃走。」

「為了不讓鯊魚或其他的魚類靠近，我要像拖網捕魚那樣將網撒開，讓我來保護你。」

若以這樣的感覺來擁抱丈夫的話，那麼丈夫便會漸漸地覺得脖子被勒緊，越來越痛苦。

有些執拗的女性，甚至會打電話到丈夫公司，確認丈夫是何時下的班。

於是，當丈夫深夜回家，若說「加班到很晚」的話，就會追問「加班到幾點？」

這已經不是愛了，而是在「逼迫」丈夫。

從丈夫的立場來看，如果妻子不囉嗦的話，是能夠早點回家的。但因為妻子像什麼偵探似的監視著自己，讓人有家難回。

作為一個成熟的大人，應該給對方一定程度的自由。必須知道「互相都有自己的隱私」。

想丈夫早點回家，不是靠查問和管束，而是給他早點回家的理由，令他產生迫不急待想要回家念頭；這是需要花點心思的。

提高「愛」的能力

談到了各種各樣的事情，無論是夫妻，還是親子，都應該認識到對方具有獨立的人格，培養一種成熟的關係，這樣愛對方才是最重要的。

否則，愛是不會長久的。

「愛」的能力也是可以提升的。

為此，相互之間最重要的就是努力「培養一種成熟的關係」。

「愛的能力」是可以提升的。

而且，為了防止愛變為執著，不能強加給對方義務感，重要的還是互相尊重自然而然湧現的愛情。

以上向各位講述了如何以愛為中心，而獲得幸福的一種技術論。希望能成為各位在思索愛的問題時，一個參考的面向。

贈言3　爲小事而高興吧！

世間，
充滿了小的喜悅。
能吃上早餐，
能自己刷牙，
能順利排便，
能順利小解，
不坐輪椅也能行走，
能用鼻子和嘴呼吸，
能用手撫摸孩子們的頭，

夫妻之間能相互擁抱，
能攀登樓梯，
能在陽光下的公園散步。

並且，
今天也有工作，
也有職場，
自己還能付出勞力，
還能為社會做出貢獻。

啊～
能自由的活動，
能夠讓人們對自己的存在感到喜悅，

這是多麼幸福的事啊！

為小事而高興吧！
感謝這些小事吧！
從細小的事物中，
感受夢想和人生的價值吧！

Part 3
你的心清爽嗎？

你活得清爽嗎？

在本書的最後，想探討一下「活出清爽的人生」這個主題。

從市面上出版的書籍以及我的藏書來看，幾乎找不到一本以「活得清爽」為主題的書。很令人意外，談這主題的人好像不太多，如果這樣，那就由我來說好了。

誰也不想碰到牢騷滿腹的人！

在人生當中，還是不應忘記「開朗」和「清爽」。

為了成為一個「清爽之人」，有什麼要點呢？我想有以下幾個。

首先，請各位想想什麼類型的人是不清爽的呢？我想應該可以想出幾個來吧。

若是讓我來說，我首先列舉的是：「牢騷滿腹的人」。

各位不會想要遇到牢騷滿腹的人吧！

顯而易見，這樣的人總想博得他人的同情，的確有時也值得同情，也理解此人「想要別人聽聽牢騷」的心情，但是聽多了這樣的牢騷，心情也會逐漸沉重起來。

請停止亂丟心裡的「垃圾」

若有個人，讓各位覺得「樂於與其見面」，那一定是個開朗的人吧！因為與開朗的人相見，自己也會精神振奮，生機勃勃，所以見了還想再見。

然而，每次見面都要聽他發牢騷的人，就會讓人洩氣吧！畢竟會讓人覺得「自己是不是被當成了垃圾桶？」

雖說「聽取人們的牢騷或煩惱」是宗教的重要使命之一，但是「垃圾

桶」也不能這麼大。

如果有人邊走路邊亂丟心裡的垃圾，跟在他後面的拼命收集垃圾，這就不能說是宗教的工作了。與其這樣，還不如對此人說：「該是停止散播心裡的垃圾的時候了。」這樣做反而比較積極、正面。

還是有必要向丟「垃圾」的人，傳授如何不要亂丟垃圾的思考方式。

牢騷將在你的心中製造「烏雲」

那麼，如何做才會讓發牢騷者停止牢騷呢？

在這裡，首先應該知道一個事實。

發牢騷在宗教當中意味著什麼呢？那就是「在心中製造『烏雲』」。

為什麼會發牢騷呢？

「想得到他人更多的表揚」、

「想得到稱讚」、

「想得到金錢」、

「想得到地位」、

「想得到名譽」。

就像這樣，對於形形色色的東西都一直「想要，想要，想要……」，欲望非常強烈，可是卻無法得手，於是就會開始發牢騷。

雖想「只要自己好就行」……

發牢騷的人，大多是將問題歸咎於「他人不好」或「環境不良」，這是其特徵。怪罪於自己而發牢騷的人，是很罕見的。認為「自己不好」的人，是不會發牢騷的。

一般來說，歸咎於「他人不好」或「環境不良」，才會發牢騷。就像欲

求不滿一樣的感覺，這樣的人肯定為數不少。

然而，若說發牢騷能得到什麼好處那就算了，但事實並非如此。

舉例來說，若一個人叫嚷：「討厭家中垃圾堆積如山」，然後將垃圾扔出窗外。雖說家裡是變乾淨了，但對於街道而言，卻形成了「公害」。

這種認為「只要自己好就行」的想法，其結果是污染了整個街道。

發牢騷也是一樣。

「將牢騷全部扔出去，而後一身輕鬆」，雖然只是打算清理一下自己眼前討厭的東西，卻漸漸讓周圍的人厭惡起來。

要知道：「牢騷不僅會弄髒自身的佛性、神性（所有生命都宿有著和佛神相同的尊貴性質），同時也會弄髒別人。」

想要發牢騷之際，請一定要想到：「牢騷會在心中製造烏雲，並且散播垃圾。」

一旦發牢騷，即使是天上界的守護靈（注）或指導靈降下光明，也會因這種牢騷之烏雲的遮擋，使心靈得不到光明的照耀，其結果就是自己不得不一直處於黑暗心靈的狀態。此外，愛發牢騷的人也很難交得到朋友，這也是其特徵；各位必須知道這一點。

（注）「守護靈」是指守護和善導世間之人的靈，每個人皆有一位守護靈。此外，在世間具有重大使命的人，則會配有專門進行指導的「指導靈」。

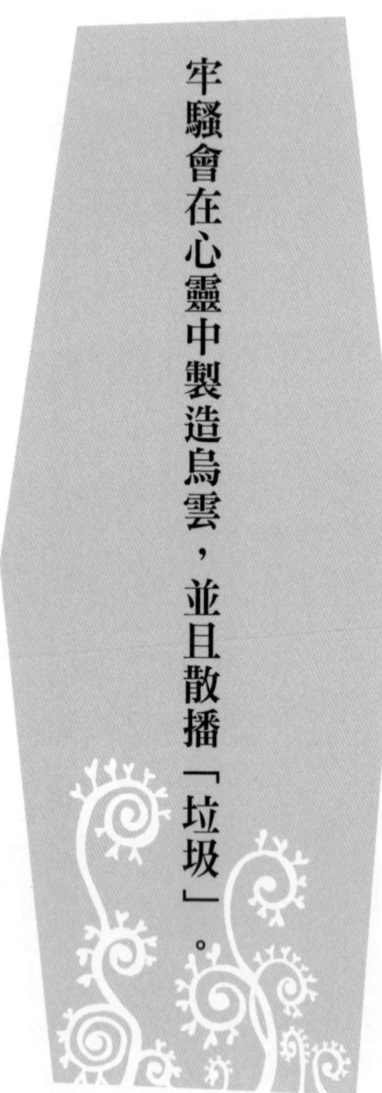

牢騷會在心靈中製造烏雲，並且散播「垃圾」。

想把「往事」與「今天」相比時

愛發牢騷的原因之中，當然也有肉體的原因。人上了年級以後，大多身體會出現狀況，因此就容易發牢騷。開始時會覺得「這兒也痛、那兒也痛」，慢慢地不平不滿就會積累起來。

有一件事，希望這樣的人能夠注意。

人過四十歲，就會把「往事」掛在嘴邊，因此要注意，最好不要淨提往事。「以前是如何、如何好」這類話，將成為牢騷的根源。

嘮叨「自己年輕的時候如何、孩子的時候如何、三十歲的時候如何、結了婚以後如何、工作的時候如何、升職的時候如何……」等等，就這樣一直想著過去，很容易就會開始發牢騷。

人生在「下坡路」上也會有好事

四十歲是人生的折返點。

更明確地說，原來一直都是登山的狀態，但從此以後，就可能要走下山的路了；這就是四十歲。

在此之前，大都是以某種形式不斷往上走，但從四十歲以後，事實上是開始走下坡路，最後就是「去那個世界」；這一點是不會錯的。

如果說出生之前是「登山之前」的話，那麼出生之後就是登山的狀態了；然而，最後我們還是要回到那個世界，所以不得不在某處開始下山。

即使講一些自豪於過往經歷的話，但看到自己現在不如往昔的狀態，就會開始發牢騷，這就很可悲了。

因此，過了四十歲，談起往事也是適可而止。

並且，要著眼於未來。

雖然現實中，是在走「下坡路」，但是在下坡路上也有很多好事。

下坡總比上坡輕鬆。

而且，還能夠「回家」。

明白嗎？

還能夠回家。

靈界——實在界，才是「真正的家」。

現在，我們是到這個世界來旅行的。

登山時，誰都會向著山頂前進，但若到了山頂後，就只有你一個人留在山頂，想必是受不了的，一個晚上也不願待下去。

即使是以登上山頂為目標，也還是想要回家的吧！

「下山」就意味著「從此就要回家了」，因此將會出現許多好事。

各位還是要著眼於未來。

「展望未來，以開朗的心情生活下去！」

如此下決心，非常重要。

過了四十歲，提醒自己不要過分地談論往事吧！

這就我想提醒各位的。

活出清爽的「第二個人生」

並且，四十歲以上的人，請盡可能地以樂觀的態度來看待未來吧！

當看到五、六十歲甚至七、八十歲的人在樂觀地談論未來時，年輕人也會感到很欽佩。

年輕人也會想：

「自己也要像那樣！」

「希望一、二十年後，也能那樣！」

「就算是『大限』臨近，還能活得那樣健康、開朗，真讓人羨慕，希望自己也能那樣！」

這就是一種「清爽的人生態度」。

若是讓年輕人覺得：「自己不想變成那個人的樣子。」那麼那樣的人生態度，肯定不會是「清爽」的。

這些人常常遭人說：「真不想變成那個樣子！」

但這樣的話，是不會在當事人面前說的，所以本人不會知道。也正因為本人不在場，所以才會有人議論。

因此，希望各位的目光要放在未來。

「把未來看得光明些吧！

相信為未來是光明的吧！

看事情盡量看好的一面吧！

減少發牢騷吧！」

如果人生已過了一半，就請有著這樣的心境。

僅是做到這樣，人生就會出現不同的境況。

不可思議的是，人氣會開始出現。

並且開始受到他人的稱讚。

讓人感到：「那個人好像很努力的樣子耶！」

於是，那就會變成「游泳圈」一樣，讓你產生「人生的浮力」。

「那個人真的很努力，很開朗耶！這把年紀，竟還能那麼樂觀地看待未來！」就在被他人稱讚的同時，自己也會湧現力量。

如此人生態度，對自己來說也是大有益處。

儘管想把自己的牢騷像丟垃圾一樣丟棄，但這樣的東西大多是「過去的遺物」。

所謂的垃圾，就是用過的、過去的東西，因此用不著執著，重要的是「面向未來」。

對此，希望各位能夠經常注意。

人生若已過半，要時刻注意「面向未來」。

誰都有「自卑感」和「嫉妒心」

此外，當思索要如何「活得清爽」時，各位都會面臨人生修行中的重大課題——「自卑感的克服」和「嫉妒心的克服」這兩大難題。

「完全沒有自卑感和嫉妒心」的人，是不存在的。

若有這樣的人，請舉手。

終究是沒有的。

雖然程度不同，但不管怎樣的人都會有自卑感的。

但總是把自卑表現出來，讓人感到「那個人自卑感很強」，那麼此人即是「不清爽」的，這會讓人感到很灰暗。

正因為人各不相同才有趣

自卑感產生於「與他人的比較」。

而且，嫉妒心也是產生於「與他人的比較」。

兩者都是如此。

在世間當中，必須要和他人共同生活，無論什麼人都會有某些優點、某些缺點。

要是所有的人都像「人造人」那樣全都一樣，那肯定不好。

「完全相同的尺寸，都具有同樣的性能和功能，壽命也一樣，馬力也相同。」如果是這樣，那就同機器人沒什麼差別了；人類不可能是這樣的。

因為人類有各種各樣的差別，所以才會覺得有趣、才有無限的可能性。

而且，「人與人的組合」也同樣有趣。不同類型的人搭配在一起，可以創造出形形色色的事情，那更是了不起。

先前說了「自卑感和嫉妒心的起因，是出自於和他人的比較」，但人與人的不同是理所當然的事情，正因為豐富多彩，這個世界不是才更有趣嗎？

如果每個人都一樣，那出生還有什麼意義？

因為有許多不同的人存在，那才有趣。

受到他人的刺激，在相互切磋琢磨中生活、成長。

有時當老師，有時當徒弟，互相教育，取長補短，因為這樣的生活，人生才有樂趣。

唯有靠自己才能克服自卑感

如上所述，即使有自卑感和嫉妒心，也要努力改變心境、努力超越它，向覺悟挑戰。

沒有自卑感和嫉妒心的人是不存在的，重要的是「怎樣超越它，把它變成有益的東西」。

「我有自卑感，而且很強烈，好比說這件事、那件事，到處都是……」即使列舉再多，也不能解決問題。

到處求人：「我不是美人，請無論如何也要幫幫我。」但有什麼用呢？這頂多只能向父母發發牢騷。

即便四處打探：「如何才能再長高二十公分」，但最後也只有穿高跟鞋對付對付。

此外，有人歎息：「想要變聰明一點」，但其原因出自於過去沒有好好地學習，現在說再多也不管用。

就像這樣，即使把自卑感扔給他人，也是解決不了問題的。

向他人訴說這個那個，希望得到安慰，卻什麼也改變不了。

積累小的成功吧！

應該做的是自我精進，不斷積累小的成功，增強自己的自信。透過增加自信，自卑感就會逐漸淡薄。隨著小的成功不斷積累，慢慢地就不會覺得自己有自卑感了。

自卑感強的人，畢竟是一種不幸。一天到晚，都被自己自卑給困住的人，的確不幸。

然而，思索自卑感的時間逐漸減少時，情形會變成怎麼樣呢？

譬如，這時你會開始考慮他人的事情，很想去幫助他人等等，一段時間你忘記自己的自卑感後，你應該就會變得幸福、成功。

不斷積累小的成功，自卑感就會逐漸淡薄。

你所嫉妒的對象，其實是你的競爭對手

另一個課題就是「嫉妒心的克服」。

「與他人比較，所有方面都絕對不能輸」是不可能的。和他人相比之時，必定是有些方面會比較優異，有些則會比較差。

人所嫉妒的對象，基本上來說，是自己所關心領域的人，簡單地說，就是「成為自己競爭對手的人」。你對不是這一類的人，是不會產生嫉妒的。

譬如，我每天都在運動，這只是為了健康，並不是「想當運動選手」而運動。所以要我「嫉妒奧運選手」是不可能的，想都不會想。

深受人們喜愛、有「柔道娃娃」之稱的谷亮子選手，對於她是否能夠得到柔道金牌，我不會產生任何嫉妒心。

然而，如果是一位水準相當高、實力很強的退役選手的話，又是會怎麼樣呢？

從職業選手引退、結婚，如今已成為媽媽的人，看到「柔道娃娃即使做了一位媽媽仍然想勇奪金牌」的樣子，難道不會產生嫉妒心嗎？

「我已經完全引退，而她還在做職業選手？」這麼一想，就會感到嫉妒吧！

之所以「感到嫉妒」，還是因為自己在乎。對於自己「也想要成為那樣」的人，才會產生嫉妒，對此以外的人是不會產生嫉妒的。

人只會對自己所關心的人，才會產生嫉妒心。

這種嫉妒心，如果不努力改變自己的心態，是無法獲得幸福的。

各位能從嫉妒心蠢蠢欲動的人身上，看到幸福的身影嗎？覺得「那人嫉妒心很強」時，各位想過要變成那樣的人嗎？

誰都不會想成為那樣的人吧！

如果看到他人的身影，肯定會覺得「嫉妒令人討厭」，但這麼想的自己，照樣會產生嫉妒。

幸福的人不太會去嫉妒他人

關於嫉妒心，女性要格外注意。

本書當中也講述過，如果放任本能讓嫉妒心往前衝的話，那麼死後，也許會變成「幽靈」。

如果是男性，理性比較強，因嫉妒心而變成幽靈的機率較小。女性比較感情用事，一旦嫉妒起來就無法收拾。

感到嫉妒的狀態，即是「不幸的狀態」。

現在幸福的人不太會去嫉妒他人。

而你的幸福程度越高，就越不會對人產生嫉妒。

然而，如果你的不幸感越強，對人的嫉妒心就會越強。

兩者就是這樣一種關係。

如此，漸漸地成功下去，嫉妒心就會變淡薄。

反之，如果失敗多了，或者有傷口部分時，嫉妒就會加深。

為了不讓這個世界成為一個「誰都無法成功的世界」

如果將自己強烈的嫉妒正當化，情況會怎樣？

那就會變成曾經風靡一時的「馬克思主義」那樣了。

信仰馬克思主義的人，對於成功人士特別眼紅，總是在說：「那些有錢的大老闆，從窮人那裏把錢捲走，然後自己享樂。」

像這樣的說法，就是在將自己的嫉妒心正當化。

但是，若對貧窮給予肯定的話，其結局就是將上位的人全都拉下來，所有人只好都變貧窮。

共產主義國家幾乎都是如此，大家都成了窮人，其結果就是締造了一個「誰都無法成功的世界」。

因此，不能肯定嫉妒心。

如果要有的話，那也應該是「健全的競爭心」。「因為那個人正在努力，所以我也要努力。」如果是這種健全的競爭心，那就沒什麼問題了。

然而，如果這種競爭心走到了嫉妒心的層次，並予以肯定的話，那就無法說「人生已成功」。

讓人願意及不願交往的人

嫉妒心的產生幾乎無法避免。

如果是女性的話，大多會對相貌俏麗、穿著入時、收入較多的人等產生嫉妒。若是男性，則大多會對收入多、父母有威望、地位和學歷較高的人產生嫉妒。

「那人的父母，比我的父母更有威望」，這不是憑自己的力量就能改變的，所以就會產生不滿：「為什麼我的父母不這麼偉大呢？」

或者會想：「為什麼我會出生在這樣一個貧困的家庭中呢？那人生在如此有錢的門戶，真令人羨慕。我的家如『破屋』，而那人的父親卻是那棟大廈的房東……等等。」

可是，如果此人是一個會把這些想法掛在嘴上的人，那麼那棟大廈房東的兒子是絕對不會與此人交往。因為無論是誰，都不會想與露骨地嫉妒自己的人來往。這樣的人令人討厭，想躲都來不及。

如果感到有人總是嫉妒心蠢蠢欲動，還是會想離此人遠一點好，因為接近這樣的人，會帶來不幸。

如果，住「破屋」的兒子，完全不在乎與有錢人家的區別，而能與之正常交往，那就相當不錯。

「你的老爸很了不起，你也了不起，我要像你一樣。」若能這樣大大方

方地說出來，有錢人家的兒子也能輕鬆交往。

如此，就可以與沒有嫉妒心的人成為朋友。

把對方想像成自己的「理想樣子」

此外，對自己的長相缺乏信心的人，不應嫉妒美女，而應該與其成為朋友，相互切磋美容法或時裝等等「打扮的秘訣」。不是出於競爭心，而是在自然而然的相處中，從對方身上學習，自己也有可能逐步接近這種理想。

簡而言之，讓自己產生嫉妒的對象，其實是自己心裡的「理想樣子」。只要還在嫉妒這個理想人物，就不能獲得幸福。嫉妒就彷彿是向對方發射「詛咒之箭」一樣。

「那人投機取巧，不可原諒。」

「那人發了大財，不可原諒。」
「那人蓋了大樓，不可原諒。」
「他只是靠父親有錢，不可原諒。」

如果這樣想，就像用「詛咒之箭」，打算把對方擊落。

這樣的人，是誰都不想交往的「種族」。

如果是這麼想，既無法創造人脈，也沒有「德」，所以才會交不成朋友，也沒有支持自己的人。

不要再嫉妒下去了吧！

必須努力跨越它。
請跨越嫉妒心吧！
生來沒有嫉妒心的人是沒有的。

如果一直任憑本能行事，那無可避免地將會產生嫉妒心。

「有嫉妒心並任其擴大，就不可能幸福。」首先必須要認識到這一點。

如果認識到了這一點，就要學習控制自己的心。

「嫉妒是不會幸福的！

不要再嫉妒下去了吧！

之所以會感到嫉妒，那是因為羨慕對方。

之所以羨慕此人，

是因為此人在自己關心的領域中，優於自己。」

請各位能夠這麼想。

即使自己不能取代此人，也要想到：「把此人當作理想，去努力接近。」要懷著「祝福此人成功」的心情。

如此一來，你就會逐漸接近理想。

然而，如果嫉妒、攻擊此人，你就會離理想越來越遠。

現今的日本是一個貧富有所差異的社會，預計一種類似共產主義的思潮將再度興起。

在這樣的狀況下，那些在經濟上痛苦的人想必很辛苦，但是也不能將這種思潮過於正當化。

要為成功的人祝福

若在貧富差距的社會中看到成功的人，應該直率地學習其成功的秘訣，並改變心態，努力向其靠近，這點很重要。

現實中，人們有可能產生嫉妒心：「那個傢伙一本萬利，真令人討

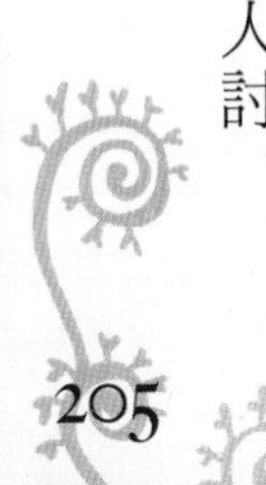

厭」；也可能藉由批判成功的人而獲得一時的快感。

然而，這樣做不可能獲得真正的幸福。

若看到成功的人，首先要將其作為理想姿態來祝福，這一點很重要。對這樣的人說聲：「真了不起！」本來就是不易做到的事，想必這會讓人不好意思，難以說出口吧！

譬如，某高中生英語考試因為只得了六十分，而感到懊惱。此時，若還要去祝福取得滿分的人，的確沒那麼簡單。

「這個人肯定請了一位好的家教吧！」

「與我家不同，好像他母親是英語科班畢業，英語很流利。」

這個高中生會找出各種理由來安慰自己。

可是，此時若能直率地承認對方的能力，肯定「此人了不起」，自己也就能朝這理想的樣子邁進了一步。

人一定會朝自己理想中的人、肯定、祝福的人的境界越來越近。對於心裡描述的人和人生目標，自己一定會朝著這個目標邁進。

重要的是「以什麼為目標？」

整天想著如何扯成功者的後腿，是不行的。因為成功者是「自己的目標」，必須朝這個目標靠近。

請各位改變思考方式吧！

要真心稱讚他人，切勿別有用心。

然後，朝那理想的樣子邁進。

這樣的人，至少可以說：「已經從不幸的狀態中解脫出來了」。

人一定會朝自己理想中的人、肯定、祝福的人的境界越來越近。

改變思考方法踏上成功的軌道

當心中充滿自卑感或嫉妒心時，要知道「自己已成了不幸的人」。

反之，當這種情緒淡薄時，則可以說：「自己已踏上成功的軌道，將會越來越幸福。」

尤其是年輕人，單純、細膩，容易感情用事，也容易產生強烈的自卑感或嫉妒心。在自卑感或嫉妒心比較敏感的人中，實際上也有著許多優秀的人。

這樣的人，透過改變思考方式，是可以踏上成功之軌道的。

請各位一定要改變思考方法。

常保積極的人生態度

請各位常保積極的人生態度，換言之，請成為一個積極向前，總是面向

未來而生活的人。

遇到困難時，當你拿出勇氣、堅決果斷地想要克服時，你就可以突破困境。

以這種姿態去生活，不正是被世人們認為「清爽」的人嗎？

堅決果斷地丟掉陰暗潮濕的一面，開朗地去生活，這樣的人生態度才稱得上清爽。

令人煩惱、發牢騷、迷惘的根源多不勝數。光是發嘮叨，除了於事無補，也交不到朋友。

對自己的煩惱，要在適當的時候徹底地「斷念」。

「到此為止吧！再也不要煩惱了！」

「死人是活不過來的，所以再後悔也沒用！」

「這麼苦惱下去，債務也不會自然減少。總之，只有向前看！」

就像這樣，重要的是下定決心，哪怕是前進一、兩步也行。

看到這樣的人，心情就會覺得清爽。請各位一定要成為這樣的人。只要改變心態，就可做到這一點，這並非難以辦到的事情。

打開心靈的開關吧！

打開心靈的開關吧！

將開關轉到「開朗的方向」。

打開開關，電燈就會一下子亮起來，關掉的話，電燈就會熄滅。就這麼簡單。

既然現在心是灰暗的，那麼就把它轉向光明吧！

把鑰匙插入鑰匙孔，轉向光明的一側吧！

光明開朗地生活吧！

這就是「清爽的人生」。

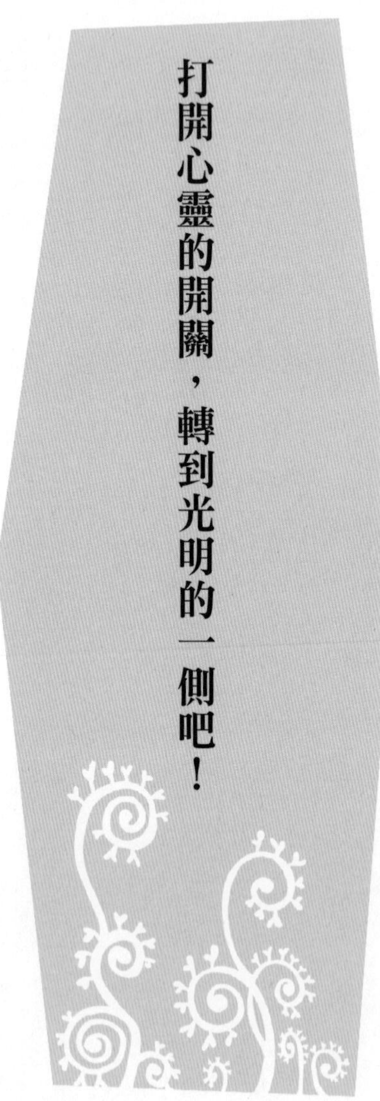

打開心靈的開關，轉到光明的一側吧！

贈言4　愛的種子

請將手放置胸前，
靜心回想一下。
在你的一生中，
向世間付出了多少愛？
自出生以來，
向他人付出了多少愛？
對植物或動物給予了多少愛？
對自己給予多少的愛？
對主回報了多少愛？

我想問各位這樣的問題。

各位終究會離開世間，返回實在的世界。
屆時，像走馬燈似地回顧自己一生的時刻終會到來。
在你與每個人的關係中，
「你播下過多少幸福的種子」，
這些都將一覽無遺地被展現出來。
你曾對父親、母親、妻子、丈夫、孩子、
老師、朋友、同事、上司和部下等各種人，
你究竟付出了多少的愛？
這些問題你終將要回答。

若想召喚幸福女神，

就請先播下愛的種子，
就要讓他人也幸福。
只有在讓他人獲得幸福的過程中，
才有自己的幸福。

後語

本書以簡潔的話語，闡述了人生的成功論，亦是一本讓世界上的人們，能夠活出幸福人生的基本教科書。

貧苦的人、生病的人、因人際關係的鬥爭而受傷的人、陷入不安或苦惱的人，希望所有的人皆能讀這一本書。

這是一本超越一宗一派的現代版聖經、佛典，亦是人生學、人生道。

我深切地期盼，能夠將這個教義傳遞給億萬之人。

祈求每一個人皆能發揮各自的個性，臉上掛著美麗笑容，以清爽的態度開拓光明的未來。

幸福科學總裁
大川隆法

What's Being 014

幸福關鍵詞：我很好，你呢?——轉念之間，讓幸福，持續上演。

作　　者：大川隆法
總 編 輯：許汝紘
副總編輯：楊文玄
美術編輯：楊詠棠
行銷經理：吳京霖
發　　行：楊伯江、許麗雪
出　　版：佳赫文化行銷有限公司
地　　址：台北市大安區忠孝東路四段341號11樓之三
電　　話：(02) 2740-3939
傳　　真：(02) 2777-1413
www.wretch.cc/ blog/ cultuspeak
http://www. cultuspeak.com.tw
E-Mail：cultuspeak@cultuspeak.com.tw
劃撥帳號：50040687 信實文化行銷有限公司

印　　刷：漢藝有限公司
地　　址：台北縣中和市中山路二段 315 巷 8 號 2 樓
電　　話：(02) 2247-7654

總 經 銷：時報文化出版企業股份有限公司
地　　址：中和市連城路 134 巷 16 號
電　　話：(02) 2306-6842

2010 年 11 月 初版
定價：新台幣 300 元

若想進一步了解本書作者大川隆法其他著作、法話等，請與「幸福科學」聯絡。
社團法人中華幸福科學協會　地址：台北市松山區敦化北路155巷89號
電話：02-2719-9377　電郵：taiwan@happy-science.org　網址：www.happyscience-tw.org
HAPPY SCIENCE HONG KONG LIMITED　地址：香港銅鑼灣耀華街25號丹納中心3樓A室
電話：(852)2891-1963　電郵：hongkong@happy-science.org　網址：www.happyscience-hk.org

國家圖書館出版品預行編目資料（CIP）資料

幸福關鍵詞：我很好，你呢？──轉念之間，
讓幸福，持續上演／大川隆法作；
初版──臺北市：佳赫文化行銷， 2010.12
面； 公分 ──（心靈館；14）
ISBN 978-986-6271-29-8（平裝）
1. 自我肯定 2.生活指導

177.2 99022986